谢 六 逸 年 谱

陈江　陈达文　编著

商務印書館

2009 年·北京

图书在版编目(CIP)数据

谢六逸年谱/陈江,陈达文编著.—北京:
商务印书馆,2009
ISBN 978 - 7 - 100 - 06511 - 5

Ⅰ.谢… Ⅱ.①陈…②陈… Ⅲ.谢六逸(1898~
1945)—年谱 Ⅳ.K825.4

中国版本图书馆 CIP 数据核字(2009)第 008357 号

谢 六 逸 年 谱

陈江 陈达文 编著

———————————————————

商 务 印 书 馆 出 版
(北京王府井大街36号 邮政编码100710)
商 务 印 书 馆 发 行
北京市白帆印务有限公司印刷
ISBN 978 - 7 - 100 - 06511 - 5

———————————————————

2009 年 8 月第 1 版 开本 880×1230 1/32
2009 年 8 月北京第 1 次印刷 印张 7⅞ 插页 4
定价: 23.00 元

谢六逸像

1998 年 9 月 18 日，贵州省、市史学界、文学界、新闻界联合举行衔谢六逸诞辰一百周年学术座谈会

谢六逸墨迹之一：致戈公振信，1930 年（承江苏东台文化馆洪惟杰先生提供）

谢六逸墨迹之二：致王诗农（林辰）信，1941 年（承人民文学出版社林辰先生提供）

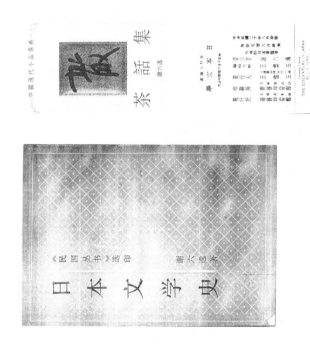

谢六逸主编的《儿童文学》月刊创刊号（1924 年），封面彩色精印，两个少年儿童站在春天里滋长发荣的绿树面前，倾听树上几对小鸟的歌唱。画面富有诗意：好鸟枝头亦朋友，人树春风共滋长，也画出人与自然的和谐，传达了谢六逸向儿童宣传爱护鸟类的思想。

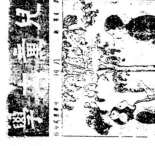

谢六逸、张明养合编，上海生活书店出版的

《国民周刊》创刊号封面，1937 年

上海复旦大学新闻学会主编

新闻史上

谢六逸题

民国十九年十月十五日出版　创刊号

谢六逸主编的《文讯》杂志·1941年

谢六逸鼓励学生创办刊物，这份刊物的实际主编是新闻系学生徐叔明

谢六逸担任复旦大学新闻系主任十年，贡献显著。这是他 1938 年离开复旦时，新闻系学生在重庆北碚夏坝欢送留影，中着长衫者为谢先生（选自复旦大学新闻系六十周年纪念册）

1989 年中秋节，谢六逸三十年代的新闻系学生杜绍文（右，82 岁，曾任《东南日报》主笔），舒宗侨（左，77 岁，曾任《联合画报》主笔），按照节日探望师母的习惯，探望了谢六逸遗孀鲍岐夫人（89 岁）。谢六逸对学生关怀与爱护，师生之间感情深厚

葬于贵阳六广门外中华圣公会墓地的谢六逸墓，为贵阳市级文物保护单位

谢六逸的两位学生在谒墓。右：冯楠，也是谢六逸的表弟，曾任贵州省文史馆馆长

一个对人民有贡献的人(代序)

——纪念谢六逸同志诞辰九十周年

蹇先艾

今年 9 月是谢六逸同志诞辰九十周年。他是一位毕生尽瘁于文艺事业、教育事业和新闻事业的老一辈文学家。由于他是在抗日战争胜利的前夕逝世的,逝世太早,虽然今天的文艺青年知道他的人很少,但是他的老朋友和学生却没有忘记他。商务印书馆的负责人和工作同志们一直在怀念他。

谢六逸在我们贵州人中从事新文艺工作的,可以说是第一代,他参加文学研究会也比我早几年。茅盾同志在《新文学史料》第三辑(1979 年 5 月)《革新〈小说月报〉的前后》一文中,就提到 1920 年他在半革新的《小说月报》的《小说新潮》栏发表了《我们可以提倡表象主义的文学么》,六逸接着就在第五期上刊登了《文学上的表象主义(象征主义)是什么》(我估计这是他公开发表的第一篇著作),当时他正在日本早稻田大学学习。回国以后,1921 年,他就进了商务印书馆编译所,时间究竟有多久,我还弄不清。我在北京读书和工作的那些年间,先后读过他编译的中外文学知识读物。最先读到的是他的《西洋小说发达史》。他在北新书局出版的《日本文学史》,我读了两遍,这是深入研究过日本文学且有史识之作。我的点滴日本文学知识,就

1

是从这本书上得到的。听说郑振铎同志编写的《文学大纲》，其中日本文学部分完全出于六逸之手，而他却不肯居功，再三叮嘱振铎不要告诉别人。

后来，六逸在上海复旦大学创办新闻系，与燕京大学的新闻系南北媲美，培养了不少这方面的人才。他还主编过《立报》的《言林》副刊，提倡写短小精练、见解卓越、富有文采的杂文，针砭时弊，卓有成效。茅盾在一篇文章中曾经夸奖这个副刊玲珑多样，轻松而精悍，有它独特的风格（时号《立报》的杂文为"言林体"）。他也编过《文学》旬刊。

六逸还擅长散文，我只见到他的《水沫集》和《茶话集》，情文并茂，娓娓动人。人民文学出版社出版的《中国现代散文选》，曾选了他的四篇散文：《三等车》、《作了父亲》、《中国人的"过多"症》、《家》。虽然我们两个是同乡，抗战前，他长期住在上海，我长期住在北京，久闻他的大名，并不相识。他长我八岁。在我的心目中，总觉得他是我们的长辈。抗日战争开始以后，1937年冬天，我们才在贵阳第一次见面，一见如故，他给我的印象是谈笑从容，循循善诱的学者。那时我住在贵阳院前街藏书丰富的老诗人李独清同志家的外院，六逸住在圆通寺（现名圆通街），距我家稍远，过了一条大街，就是转弯抹角的小巷，还要爬一个斜坡。他不在家的时候居多，我也很少到他家去。但他每隔一两天，总要到上海迁来的大夏大学去上课。我住的那条街是他的必经之路。他的身材高大，挟着一个大皮包，有时坐人力车，有时步行，人家一望而知他是一位大学教授。有时下课较早，他照例要到我家来坐坐，共话诗文，或者同到内院李独清家去翻阅他收藏的那些古书珍本，共同欣赏。

1938年，我们几个爱好写作的朋友，齐同、李青崖、张梦麟、刘熏宇等，在《贵州晨报》办了一年的《每周文艺》（1940年2月初，报社被日机炸毁，随之停刊），这是六逸热心首先发起的。刊物虽小，多少做了一些抗日宣传的工作。六逸用笔名鲁愚在这个周刊上写过几篇杂文。1941年，我们在贵阳成立了中华文艺界抗敌协会贵州分会，由六逸和在贵州的几位作家辛辛苦苦作了筹备。我正在修文刘熏宇同志当校长的高级中学教书，六逸打电报把我叫到贵阳来了。在开成立大会前夕，我们分头赶写了两篇文章，主要是谈分会成立的必要性和重大意义，号召贵州广大文艺工作者拿起笔来，参加战斗。开成立大会那天，《蕙的风》作者老诗人汪静之到了贵阳，穿着一身军装，也参加了我们的大会。

同年，六逸介绍我到邻省的一个师范学院去教书，因为家累过重，我没有去。秋季，我回到故乡遵义，他还常与我通信。他兼任了贵阳文通书局的副总编辑，出版了不少古籍和翻译的世界名著，大大改变了贵州高原文化艺术落后的状况。他们还给我出版了一本十分平庸杂的文集。

1944年，我到贵州大学中文系教书，他在贵阳师范学院担任中文系主任。我住在花溪，坐马车要颠簸几个钟头才能到贵阳，因此就不太进城；六逸也不容易下乡，大家会面的机会就很少了。那时六逸的工作是相当繁忙的，加上贫病交迫；为了写文章抗议当时贵州省政府主席杨森强迫剪长衫，他又受到对方的迫害，1945年8月8日，他就与世长辞，只活了四十七岁。他没有等到抗日战争的伟大胜利，这应当说是六逸最大的遗憾。他的逝世是贵州文艺界、教育界的一个不可弥补的损失，像他那样学识渊博的学者、教授并不多。

我顺便在这里谈一件事情，就是 1932 年，六逸在上海编了一本《模范小说选》，选得相当严格，只选了鲁迅、茅盾、叶圣陶、冰心和郁达夫的作品。他的目的是用这几位大作家的小说给文艺青年们作模范。在选本的序言里，他不承认自己是"近视眼"，而是"匠人选择材料，必要顾到能不能上得自己的墨线"。鲁迅在《教授杂咏》中有一首诗嘲笑六逸。因为鲁迅编选集子，总是老、中、青作家的作品都要有，旨在大力鼓励和培养青年作者，而不喜欢专选名家名作。他的那首讽刺诗，用了六逸《序言》中的原话，实际正如鲁迅在《什么是讽刺》这篇文章中所说的："讽刺作者虽然大抵为被讽刺者所憎恨，但却常常是善意的，他的讽刺，在希望他们改善，并非要捺这一群到水底里。"

有一位中学教师对我说："文化大革命期间，我无意中在某处被红卫兵抄去的书堆里，发现了一本谢六逸的书——鲁迅编选的《新文学大系〈小说二集〉》，这本书是鲁迅先生送给谢先生的，书的扉页上还有鲁迅送给六逸的亲笔题字。"从这件事就更清楚地说明了鲁迅对六逸并没有什么恶意，《杂咏》不过是表示彼此选作品的见解不同罢了。他当然切盼以后编选集的人纠正这种偏向。

六逸的一生，治学辛勤，诲人不倦，确实有一定的成绩；如果天假以年，我相信他一定对党对人民会作出更多更大的贡献。

1988 年 8 月二稿

目　录

一个对人民有贡献的人(代序)

　　——纪念谢六逸同志诞辰九十周年　　　　蹇先艾

年　　谱

1898 年（光绪二十四年）　　　　　　　　　1 岁

6 月，光绪帝下诏"明定国是"，实行变法。

9 月，百日维新失败，西太后复出秉政，光绪帝遭幽禁，康有为、梁启超出逃，谭嗣同等六君子死难。

12 月 14 日，梁启超于日本横滨创办《清议报》；19 日（农历十一月初七），郑振铎生于浙江永嘉县，郑原籍福建长乐县。

鲁迅 18 岁，郭沫若 7 岁，茅盾 3 岁。

九月二十七日（农历八月十二日）生于贵州贵阳城东指月巷，祖籍江西。按照族系规定，属"光"字辈，取名光燊，字籠逸；1920 年 2 月在北京《新中国》杂志发表文章时署名谢六逸，以后就改字六逸，曾用笔名宏图、何宏图、宏徒、谢宏徒、路易、鲁愚、中牛、毅纯、仲午、头陀、路益、路、易、宏、徒、度等；号无堂，室名夹板斋。（似自嘲性质 1932 年上海"一・二八事变"从闸北避难到法租界期间开始，主要在《立报》副刊《言林》上出现）

祖父谢朝燮，拔贡生，曾任湖南永新县知县。父亲谢天赐，号森初，廪贡生，曾任湖南沅陵、贵州都匀等县知事。母王敬全。"我的大舅（也就是六逸先生的父亲）很有傲骨，……我的大舅母知书达理，待人接物都很好，而又很乐观。六逸先生自幼就在这样富有文化教养的家庭气氛中熏陶，要说秉性会受到双亲的影响，那六逸先生的骨气是得之于父亲，而性情温和，则得之母亲。"（冯楠《在谢六逸先生诞辰九十周年纪念会上的讲话》）

弟谢光明，号竹铭；妹谢婉仪。

1903 年(光绪二十九年)   5 岁

5 月,章炳麟发表《驳康有为论革命书》;
邹容在上海出版《革命军》,章炳麟为之作序。

6 月,上海《苏报》刊载此序,并摘载《驳康有为论革命书》;
《苏报》案发生,章、邹俩人被捕入狱。

冬,蔡元培等在上海成立光复会。

自述:"我小时候没有进过私塾,完全由我父亲母亲教我。父亲教我读的书,使我印象最深的,是一部《史鉴节要》,这书是他手抄的,他善作楷书,很工楷的写在雪白的厚棉纸上,装钉得很精致,引起我对于书籍的嗜好。母亲能暗诵许多诗词,她教给我许多诗,使我印象最深的,是韩愈的《符读书城南》。"①(《读书的经验》)

1909 年(宣统元年)   11 岁

11 月,陈去病、柳亚子等在苏州成立南社,以文学鼓吹反清

----

① 《符读书城南》是一首五言古诗。"符"是韩愈之子韩昶的小名,"城南"是韩氏的庄园。这首古诗阐述读书的重要:"木之就规矩,在梓匠轮舆。人之能为人,由腹有诗书。诗书勤乃有,不勤腹空虚。欲知学之力,贤愚同一初。由其不能学,所入遂异同。……学问藏之身,身在则有余。"后来谢六逸也把这首诗传教给他的子女,据他的女公子谢开志、谢开华等人回忆说:"父亲为了鼓励我们努力学习,除了给我们讲些匡衡凿壁引光、车胤囊萤照书、孙康映雪取光之类古人发愤苦读的故事以外,也在教我们背诵古诗时,教我们背韩愈的《符读书城南》诗"。(谢开志等:《一炷心香祭先严》,载《贵阳文史》1996 年第 2 期)

的民族革命斗争。

12月,江苏咨议局议长、立宪派主要人物张謇在上海召开十六省咨议局代表开会,决定成立"国会请愿同志会"。

在贵阳达德小学念书。自述:"我对于书籍从小时候就有一种爱好癖。在家乡时,由高小到中学,从来没有因为读书的事使我的父母生气。"(《读书的经验》)

1911 年(宣统三年)   13 岁

4月,同盟会组织广州起义,失败,林觉民烈士等72具遗骸葬于广州黄花岗。

10月,武昌起义胜利,各省纷纷响应反对清政府,宣布独立。史称辛亥革命。

12月,各省代表在南京开会,选举孙中山为中华民国临时大总统。

在贵州省立模范中学念书。① 自述:"辛亥那一年,我在贵州省贵阳城内一所中学校里读书",有空"临帖——《灵飞经》"。(《辛亥革命与"英雄结"》)又说:"我记得在十三岁时,常常跑到

---

① 模范中学的校长为周恭寿,曾留学日本,受日本明治维新思想影响。学校为四年制,开设西方新兴的学科如格致、化学等,尤重英语,每周14节。又据冯楠:"我省老教育家王梦淹(佩芬)先生,是我的老师,也教过六逸,他老先生也是日本早稻田大学的留学生(学生物,前清秀才,我省第一批留日学生)。"(《在谢六逸先生诞辰九十周年纪念会上的讲话》)

我父亲的藏书楼上去翻书,从早晨到天晚,只下楼吃两顿饭。后来被我翻着了一部《绿野仙踪》,便将它慢慢地看起来,觉得其中有几段很有滋味,隔了几天又翻到一部《飞驼子传》,书中的谚语很多,弄得莫名其妙"。(《读书的经验》)"读完《红楼梦》、《绿野仙踪》一类小说之后,接着又搜寻得几种谈鬼的书籍来读,如像《子不语》等,……看来看去,看到夜间也不敢走进自己的卧室了。"(《夹板斋随笔(十):谈鬼》)

1913 年(民国二年)   15 岁

3 月,袁世凯派人在上海刺死宋教仁。孙中山从日本回国,筹划起兵讨袁。

7 月,江西都督李烈钧兴兵讨袁,发动"二次革命"。

9 月,"二次革命"失败。

本年,郁达夫、郭沫若先后赴日留学。

继续在省立模范中学念书,自述:"中学有一个时期,我们同窗三四个好友,每人买了一本《英汉字典》,用背书的方法去记单语,有时熬夜读《资治通鉴》。"(《背字典》)又说:"我在青年时代最爱读梁任公的文章。"(《我在青年时代最爱读的书:〈饮冰室全集〉》)

在模范中学时,"国文一科,出类拔萃,最为教师所青眼"。(《谢六逸先生事略》)

本年(暂系),"自谓幼时与同伴游戏,因勇毅好胜,由城墙纵身跳下。"幼时这一行动,对谢六逸后来编辑《立报》副刊《言林》常起激励作用。(程仲文:《忆谢六逸先生——记〈言林〉垦荒者之死》)

1917 年(民国六年) 19 岁

1 月,胡适在《新青年》第 2 卷第 5 号上发表《文学改良刍议》,提出废文言,兴白话,主张文学改革。

2 月,陈独秀在《新青年》第 6 号上发表《文学革命论》,提出"文学革命"的口号。

7 月,张勋拥溥仪复辟,旋即失败。

9 月,广州军政府成立,孙中山任大元帅,与北京段祺瑞政府对立。

夏秋,模范中学毕业。

秋冬,考取贵州黔中道公费留学,以第三名得中,外文考的是英语。同榜录取的有刘方岳、李淑元、龙仲衡等 8 人。赴日途中,行至湖南洪江,达德学校(中学部)的老师黄齐生率其外甥王若飞(考取同年贵州财政厅的公费留日学生)来会,并在黄齐生率领下,一同东渡日本。(刘君卫:《忆父亲刘方岳先生》)"我至今深深记得先父生前所述:'在离开贵阳一路中,谢六逸往往一人独思一旁,不与我们一群多谈笑,就是中途休息、吃饭,谢六逸多是一个人自餐。'谢先生倒是有个人主见者。"(刘君卫先生 1990 年 6 月 12 日致笔者信)

本年,奉母命在留学前与易氏结婚,育有一女。

1918 年(民国七年) 20 岁

1 月,《新青年》从第 4 卷第 1 号起改用白话文,由原来陈独秀一人主编改成同人杂志形式,李大钊、胡适、沈尹默、吴虞、钱

5

玄同、鲁迅等陆续参加编委会,形成一条反封建的新文化运动的统一战线。

3月,上海《时事新报》副刊《学灯》创刊。

5月,鲁迅在《新青年》第4卷第5期发表第一篇白话小说《狂人日记》;同月,孙中山辞广州军政府大元帅职,"护法运动"失败。

10月,《京报》在北京创刊。

春,黄齐生率领的贵州留日学生到达上海,乘京都号到长崎港,换乘火车,3月8日抵达东京,先入预备学校补习日文。

本年(暂系),初识马宗荣①。(1944年1月马宗荣逝世以后,谢六逸在悼念文章《继华的性格》中说:"二十多年来,我们之间没有红过一次脸";另外,马宗荣系贵州省财政厅派遣的1918年公费留学生。据此两点推断)

1919年(民国八年)   21岁

2月,北京《晨报》第七版实行改革,增加"自由论坛"和"译

---

① 马宗荣(1896,2,23—1944,1,20),字继华,贵阳人,1918年由贵州省财政厅派往日本留学,先学矿业,后学教育,在日本留学11年。1929年秋回国后,先在上海大夏大学等校执教,后在国民政府教育部历任主任秘书、社会教育司司长等职。他又曾任中华学艺社(一个留日学生的群众组织)东京分社主任,回国后在上海任中华学艺社常务秘书,谢六逸亦为中华学艺社成员。他们两人曾为中华学艺社合作编《日语文课本》。在日本期间,马宗荣曾向上海中华学艺社总部建议访求流失在日本的我国孤本古籍,这一建议促成商务印书馆张元济于1928年偕郑贞文到日本访书之行,又经马宗荣介绍,得到马的老师野哲人、盐谷温等帮助,使日本帝室图书寮内阁文库等藏书单位的孤本,得以逐卷摄影,回归我国。

丛"两栏,成为拥护、宣传新文化的阵地。

3月,邓中夏在北京大学发起组织"平民教育团"。

4月,巴黎和会通过决议,否决中国提出的取消帝国主义列强在华特权和二十一条不平等条约等内容的提案,成为"五四运动"的导火线。

5月,"五四运动"爆发。

4月23日,入早稻田大学专门部政治经济科学习。(据早稻田大学档案)

自述:"在留学时期,有两个地方我永远不能忘记。一是早稻田大学的图书馆,一是东京郊外的吉祥寺。这两个地方帮助我,使我多读几本书,那时的吉祥寺,真是读书的好地方,不像现在是时髦男女的幽会场所。"(《读书的经验》)亦曾到江之岛旅游,"从前东居时,每游其地,常食此品——蝾螺,此系该地特产。"(《蝾螺》)

"在日本时生活清苦,公费未到,便节衣缩食,省下钱买书。"(李侠公①:《在谢六逸先生九十周年纪念会上的发言》,记录稿)

夏末秋初,曾回国并到北京。(据谢六逸在1937年5月31日出版的《国民》周刊第3期上,以鲁愚笔名发表的短文《张冠李戴》中说:"去年春假,蛰伏在图书馆里看……平凡社发行的《大百科事典》……广东香山县(中山县)的二项……是一座雄伟的琉璃宝塔,看来面熟,但我不曾到过香山县,当然没有见过此塔

---

① 李侠公系谢六逸同时期的留日学生,1988年秋举行谢六逸九十周年纪念会时任贵州省政协副主席。

的经验,于是仔细察看,才知道那是北平香山昭庙后面辽时所建的宝塔,怪不得面熟,因为在那塔下曾经乘过凉,睡过午觉"。据此,可知谢六逸到过北京。但他在 1922 年从日本回国到上海,从未北上,抗战后返回故乡。又据谢孝思《黄齐生传略》等资料,"五四运动"在日本留学生中亦产生强烈反响,5 月 7 日定为中国国耻纪念日,但日本人却兴高采烈,举行庆典,中国留学生大愤,相率回国,黄齐生亦于是日率何玉书返国为贵州籍学生安顿住所,接着王若飞等三十余人归国。黄齐生组织"贵州教育实业参观团"到山东、河北、山西诸省考察,以后又到北京。谢六逸是与王若飞等同时返国的,并随黄齐生到上述各地考察教育,以后又到北京。10 月初,参观团成员返回上海。10 月 16 日,王若飞等五名留日学生赴法国勤工俭学,谢六逸等另一批留日学生在此前后仍返回日本。)

7 月 30 日—8 月 3 日,在北京《晨报》副刊第七版连载《文艺思潮漫谈——浪漫主义同自然主义的比较》,署名谢麓逸。文末附注有如下几句话:"Romanticism 一字很难译,此地是音译。或者将浪漫一字,解释为妄诞的意思,也无不可。日人也是这样译的。(参考书:日人厨川白村:《近代文学十讲》)"

10 月 19 日—21 日,在北京《晨报》副刊第七、第五版发表译作〔俄〕托尔斯泰著《长期流刑》,从英文转译,署名谢麓逸。

11 月 1 日,在北京《平民教育》①第 4 号发表《平民教育谈》,是参加"贵州教育实业参观团"考察一些地方的心得。文章指出:"教国民人人都有独立人格的一个平等思想的教育,就叫做平民

---

① 是北京高等师范学校的教员和学生创办的一份报纸式周刊,每期一张,形式与陈独秀、李大钊、胡适等编辑的《每周评论》相同。《平民教育》于 1919 年 10 月 10 日创刊,主张通过教育的革新来改造社会。

教育。平民教育是平等主义的教育,不是阶级主义教育,是为造就一般公民的教育,不是造就少数贵族或有特殊势力人的教育。"

1920 年(民国九年)　　　　　　　　　22 岁

1 月,《小说月报》从第 11 卷第 1 期起半革新,由沈雁冰负责新辟的栏目"小说新潮"。

5 月,陈独秀等在上海成立共产主义小组,《新青年》移沪出版,陈望道翻译的《共产党宣言》出版。

11 月,文学研究会由郑振铎等人发起筹备。

2 月 2 日,译作《欧美各国的改造问题》连载于北京《新中国》①第 2 卷第 2 号(2 月 15 日出版)和第 3 号上(3 月 15 日出版),署名谢六逸译,文末注有如下文字:于"东京早稻田",翻译本文的目的是:"(第一次世界)大战以后,改造的声浪时时震着耳鼓。世界的改造,便是各国的改造,一国的改造,无非是这种制度那种制度的改造,这种组织那种组织的改造。是篇摘译于 World Work 及日本杂志,因其能就事实方面说,使看的人知道欧美各国改造的情况怎样? 虽不详尽,也可见其一斑,这便是移译的本意。"

5 月 7 日,作《文学上的表象主义是什么?》发表于《小说月报》

---

① 《新中国》杂志于 1919 年 5 月创刊于北京,月刊,大型综合性杂志,16 开本。胡适、高一涵等大学教授常在该杂志上写稿,偶尔也有瞿秋白、蔡元培、郑振铎等人文章。

第11卷第5—6期《小说新潮》栏上,署名谢六逸。文末注"作于日京"。茅盾说:"这大概是见了(《小说月报》)第2期我写的《我们现在可以提倡表象文学么?》引出来的。……这局促一隅的《小说新潮》栏竟也引起身居海外者的注意。"(《我走过的道路》上)

5月15日,在《新中国》第2卷第5号上发表《妇人问题与近代文学》,署名谢六逸。

10月25日,译作[俄]安德烈耶夫著《归来》,发表于11月6日的北京《晨报》副刊第七版,署名古筑谢六逸,文末注"于东京潜园"。

11月10日作文学论文《自然派小说》,发表于《小说月报》第11卷第11期上,署名谢六逸。文章介绍了法国卢骚、左拉、巴尔扎克等人及其作品。

1921年(民国十年)   23岁

1月,文学研究会在北京成立,这是中国最早的新文学团体。同月,《小说月报》从第12卷第1期起全面革新,发表了《〈小说月报〉改革宣言》、《文学研究会简章》、《文学研究会宣言》,沈雁冰出任《小说月报》主编。

4月,孙中山在广州就任中华民国非常总统。

7月,中国共产党在上海成立。同月,创造社在日本东京成立,发起人有郭沫若、郁达夫、张资平等。

12月,北京《晨报》副刊开始连载鲁迅的小说《阿Q正传》。

1月中旬至2月间,参加文学研究会,为第24号会员,与沈雁冰、郑振铎、许地山、王统照同为读书会小说组成员。（1月4日，文学研究会在北京中山公园来今雨轩正式成立；1月10日出版的《小说月报》第12卷第1期征求文学研究会会员；3月3日，郑振铎写信给周作人，告诉他已有48名会员，因此谢六逸当在这期间参加文学研究会）

5月27日，上海《民国日报·觉悟》副刊发表《文学研究会丛书目录》，其中载："《文艺思潮论》，日本厨川白村著，谢六逸译"，"《俄国文学的理想与现实》，俄国克罗马特金著，谢六逸、沈雁冰、沈泽民译"。后此二书均未见出版。①

10月8日，在上海《时事新报》副刊《学灯》发表译诗〔美〕惠特曼作《挽二老卒》，署名谢六逸。

10月9日，在《时事新报》副刊《学灯》发表译诗〔美〕惠特曼作《在维克尼纳森林中迷途》，文末署"1921年9月29日东京泷野川"，署名谢六逸。

10月11日和10月21日，在《时事新报》的副刊《文学旬刊》第16、17期上连载《小说作法》，署名谢六逸。

11月5日、6日和10日，在《时事新报·学灯》连载《平民诗人》，介绍惠特曼，署名谢六逸编译。

11月25日，在《时事新报·学灯》发表译诗〔日〕千家元磨著《诗人之力》，署名谢六逸。

12月17日，在《时事新报·学灯》发表《未来派的诗》，署名

---

① 《文学研究会丛书》由郑振铎主持。这份《目录》于5月28日又刊登于上海《时事新报·学灯》，题目改为《文学研究会丛书目录出版预告》。

六逸。

1922 年(民国十一年)　　　　　　　　24 岁

1月,郑振铎主编的《儿童世界》周刊,在上海创刊。同月,叶绍钧、朱自清主办的《诗》(月刊,上海)和胡先骕、吴宓等创办的《学衡》(月刊,南京)创刊。

4月,创造社主办的《创造》季刊在上海出版。

5月,胡适主办的《努力周刊》在北京创刊。

10月,上海大学创立。

1月10日起,在《小说月报》第13卷第1期至第3期,第5期至第7期和第11期,连载《西洋小说发达史》,署名谢六逸。

1月17日,在《时事新报·学灯》连载《新诗的话》,署名路易译述。

2月10日,《小说月报》第13卷第2期刊出"本刊文稿担任者"名单共17人,包括鲁迅、周作人、冰心等,谢六逸名列其中。

2月11日,在《文学旬刊》第28期发表《平民诗人惠特曼》,署名六逸,后收入《水沫集》。

2月18日,在《时事新报·学灯》发表译作[日]百鸟省吾著《诗人之梦》(散文诗),署名路易。

2月21日,在《文学旬刊》第29期发表《文学与民众》,署名路易。

2月27日,在《时事新报·学灯》发表《对于戏剧家的希望》,署名路易。后由《戏剧》杂志转载。

3月4日,在《时事新报·学灯》发表《郭果尔与其作品》,署名路易。文前有《学灯》编者(柯)一岑写的按语:"今天是俄国一位大文学家和艺术家郭果尔(Gogol)死后七十周年的日子;他并且也是本月31日生的。我们今天特地用了这篇短文来表示我们追念他的意思。"谢六逸在文末附注中说:"此文根据克洛泡特金的《俄国文学论》69—89页。"

3月10日,在《小说月报》第13卷第3期上发表《屠格涅夫传略》,署名六逸。

3月17日,在《时事新报·学灯》发表《文化与出版物》,署名六逸。文章指出:"一个时代的文化,是包括其时代精神物质各方面,而文化之能期成与否? 发达与否? 则应视其国内的精神物质各方面的学术及研究,果能适应或期成其国的文化否? ……欲增高吾国的文化,非从介绍研究及出版业入手不可","因为学术的研究介绍或批评之表现,无论为个人研究或团体研究,不欲藏之名山则已,否则惟出版物是赖"。"研究的团体及小丛书在目前最需要得急",例如,"将泰西名著,钩元提要,各作一册 outline(江按即'概要')"等。

3月21日,在《文学旬刊》第32期发表译作[日]长与善郎著《我为什么创作呢?》,署名谢六逸译。文末的《译者记》说:"长与善郎是日本白桦派作家,白桦派是最近日本文坛的代表,所以长与善郎足以代表日本最近的文坛。这篇东西是我三年前由他的《生活之花》(创作集)的序文中,摘译在《读书录》里的,我最爱读他。西谛兄索稿,因而重抄出来,也许是对于轻易创作者的一点贡献。"

3月23日,在《时事新报·学灯》发表《歌德记念杂感》,署名谢六逸。

3月25日，在北京《学林》①第1卷第6期发表《西洋文艺思潮之变迁》，署名谢六逸译述。刊登的此文有五节：1.古典主义与浪漫主义；2.由浪漫主义到自然主义；3.浪漫主义与自然主义的比较；4.自然主义的勃兴；5.自然主义之派别。在文末，该刊编者注：下期续完。但以后未见刊出。

3月27日，在《时事新报·学灯》发表《平民诗人惠特曼》，署名六逸。

3月30日，毕业于日本早稻田大学政治经济科，获学士学位。（据早稻田大学档案）

又，据上海《报学季刊》第一卷第二期（1935年1月1日出版）《上海复旦大学新闻学系》一文所刊载的"现任教职员"介绍："谢六逸，主任，日本早稻田大学学士，东京新闻研究所学员。"又据抗战时期的《国立贵阳师范学院院刊》第1卷第1期所载国文学系的教职员简历，谢六逸名下为："专任教授　男　46　贵州贵阳　日本早稻田大学文学部研究员　曾任国立暨南大学教授、复旦大学中国文学系主任、大夏大学文学院院长"。

4月上旬，从东京抵上海，与茅盾、郑振铎见面，并与郑振铎同住在闸北永兴路宝兴西里，先后同住及住在附近的有周予同、许地山、叶圣陶、顾颉刚、王伯祥等。

郑振铎在《忆六逸先生》一文中谈到他们同住的情况："我们同住在一起，天天见面，天天同出同入，彼此的心是雪亮的"；"那时候，我们那里常来住住的朋友很多，地山的哥哥敦谷……滕固

① 《学林》，一份综合性学术刊物，包括哲学、政治、法律、文学、艺术等方面内容，创刊于1921年9月5日，它的宗旨是"以学术为人生指导、社会指南"。

从日本回国时,也常在我们这里住。六逸和他们都很合得来。我们都不善于处理日常家务,六逸是负起了经理的责任的。他担任了那些琐屑的事务,毫无怨言,且处理得井井有条。"(《文讯》月刊,1947 年第 7 卷第 3 期)又,郑振铎在《想起和济之同在一处的日子》(《文汇报》1947 年 4 月 5 日)和《悼许地山先生》(《文艺复兴》1946 年第 1 卷第 6 期)两文中亦提及与谢六逸同住时的情况。

4 月 17 日,进上海商务印书馆编译所,在实用字典部任职(据商务印书馆档案①),参加修订《综合英汉大辞典》。② 徐调孚后来回忆说:"现在我国出版的最详备的英汉词典,要算是那部《综合英汉大辞典》罢,在这部辞典的许多编辑人名字中,你可以找到'谢六逸'三个字,这就是他那时的工作。"

当时,章锡琛、胡愈之、周建人、徐调孚等均在商务编译所。

---

① 关于谢六逸如何进入商务印书馆有两种说法。一种是:"谢六逸于二十年代从日本回国,经郑振铎介绍进了商务印书馆工作。"(黑婴:《谢六逸编〈言林〉副刊》,载《文海潮汐》,西安华岳文艺出版社 1989 年版)茅盾在《忆六逸兄》中有这样的话:"六逸从日本来了,便不打算回去(江按指回贵阳),铎兄却正在设法留他在上海住下。"也有经郑振铎介绍进入商务的含意。另外,上世纪三十年代参加商务工作的一位老先生告诉笔者,谢六逸是由周昌寿介绍进入商务的。按,周昌寿亦贵州籍,比谢六逸早到日本留学,是郭沫若在日本帝国大学的同学,但他学的是物理。周昌寿比谢六逸早回国,这时已是商务的业务骨干,他亦是中华学艺社成员,而且是谢六逸当年在贵阳模范中学就读时校长周恭寿之弟。这位老先生与周昌寿共事多年,他的说法似亦有所据,录此以存一说。

② 《英汉大辞典》的编纂工作开始于 1913 年,由当时在日本帝国大学留学的郑贞文、周昌寿等七八人依据英、美、日的几部著名辞书编成初稿,以后由黄士复、江铁等主持修订,先后参加修订工作的有四十人,谢六逸是其中之一。此书于 1928 年出版,是四十年代以前我国收字、收词最多,也最完备的一部英汉辞书。

茅盾谈到与谢六逸在商务相处的情况时说:"我们见面的机会多,我们给他上个尊号:'贵州督军',尊号何必称'督军',但凡见过六逸而领略他那沉着庄严的仪表的,总该可以索解;至于'督军'而必曰'贵州',一则因为他是贵州人,二则我们认为六逸倘回家乡去,还不是数一数二的人物,至少该当个把督军。"(《忆六逸兄》)徐调孚回忆他们这一批朋友当年在商务的情景时说:"他平常是静默寡言,开起口来,又老是温和慈祥,他从不曾有过疾言厉色,和朋友们'摆龙门阵'则又极有风趣,幽默的语句不时从他的嘴里溜出来。郑振铎先生最喜和他开玩笑,有一二桩关于他的趣事,每当酒酣耳热之后,常常不厌重复,再三地当众宣讲,大家听了当然大笑一下,谢先生也随了大众而欢笑,绝不提出否认,即便这故事早已走了样了。"(《再忆谢六逸先生》,《文艺复兴》1946 年第 1 卷第 6 期)

　　5 月 11 日,在《文学旬刊》第 37 期上发表《文学之要素》(上),署名路易。此文说:"文学的要素,可分实质与形式两方面讲",实质的要素分为感情、想像、思想、美;形式的要素包括文体、格律、组织,"可是二者不能截然区别",因为"不能说皮是梨,或者肉是梨,反正二者都是梨。"

　　夏,在上海江湾画家陈抱一①家中初识郭沫若。郭沫若后

_____

　　① 陈抱一,我国油画艺术的先驱,上世纪三十年代活跃的西洋画理论家、教育家。"五四运动"前,他两次负笈东瀛,学习西洋美术。他是一个世家子弟,上海江湾的"陈家花园"很有名,园内有精致的洋房、亭台、假山、红花绿树。陈家花园曾经是上海画家的艺术沙龙,陈抱一同窗好友刘海粟及其他画家如关紫兰等都曾在园内聚会。但这座名园于 1932 年"一·二八战事"中毁于日军炮火。

来回忆初见时的印象说:"六逸似乎很喜欢音乐,特别是声乐,他专心地放了好几张卡尔梭的唱片。"(《忆谢六逸先生》)

6月10日,在《小说月报》第13卷第6期回答读者王锴鸣在读了《西洋小说发达史》而提出的疑问,谢六逸说:"罗曼主义""一是打破形式,二是讴歌情绪";"罗曼主义……能把热情泛溢在作品里面。"

7月8日,文学研究会在一品香酒楼开南方年会,讨论会务及其他重要问题,并欢送俞平伯赴美留学;到会的有19人,除谢六逸外,有耿济之、郑振铎、朱自清、叶圣陶、沈雁冰、沈泽民、胡愈之、金兆梓、周予同等。会务讨论:"一、会员间图书流通的办法;二、会报征稿办法;三、分组问题;四、丛书及小丛书问题;五、《文学旬刊》编辑问题"。另外讨论的问题有:"一、我们的倾向;二、文艺上的民众与贵族——文学可以通俗化么?三、中国文学之整理——范围与方法;四、翻译问题——选材与译法;五、方言文学的建设。"(据《文学旬刊》第43期)

8月5日晚,在一品香酒楼参加郁达夫发起的郭沫若《女神》出版一周年纪念会,沈雁冰、郑振铎、黄庐隐等文学研究会成员同时参加,会后并摄影留念。

10月7日,在郑振铎主编的《儿童世界》第4卷第1期发表《一棵柿树》(故事),署名谢六逸。文章叙述一个少年救了一只受伤的乌鸦,后者感恩,种了一棵柿树。

11月21日,《文学旬刊》第56期刊登《本刊特别启事》:"本刊自下星期起,依了上海文学研究会会员的决议,特请谢六逸先生为主任编辑"。谢六逸负责主编文学研究会的机关刊物《文学旬刊》(后改名《文学》,又改名《文学周报》)系从第57期起到72期止。从1923年5月12日第73期起,与沈雁冰、王伯祥等12人轮流主编。

11月25日,在《儿童世界》第4卷第8期上发表《性缓的人》(图画故事),署名谢六逸,许敦谷作画。故事叙述一个人去野外打猎,看见二只鹳在争夺一条泥鳅,他想等着看看谁胜谁负,结果二只鸟都飞走了。

12月1日,在《儿童世界》第4卷第9期上发表《性急的人》(图画故事),署名谢六逸,许敦谷作画。叙述一个人到野外打鸟,不瞄准,乱打一气,鸟没有打到一只,都飞走了。

12月19日,在上海美专作题为《如何是小说家》的讲演。谢六逸说:"观察人生,因受刺戟的结果,将深印脑里的生活诸相,传诸他人之人,便是小说家。""又因为他们要'传',所以不能不寻求最有效力的手段;这种手段,便是记述体的文字。"

12月30日,离职商务印书馆,但"在馆外办事"(据商务印书馆档案),继续修订《英汉综合大辞典》。

对于谢六逸离开商务印书馆一事,沈雁冰有如下记述:"六逸那时之在商务印书馆编译所确是'呆呆'而已,书馆编译所当局光景亦觉得这二百多人的编译所中多一个人,而六逸当然也只有装傻,叫做什么就做什么。这样的'呆',当然不会长久。于是在某次的照例'人事异动'时,六逸被辞退了。我们知道这消息时,都很惊讶不平,振铎尤为愤慨,六逸默默不作声,似乎有点不能释然。""在知识分子心目中,这还不是一个饭碗问题,而是感到被侮辱了。"(《悼六逸》)

1923年(民国十二年)   25岁

3月,日本政府拒绝北洋政府发出的取消二十一条不平等条约和收回旅大的照会,北京各界在天安门举行大会,全国各地相继掀起废除"二十一条"、收回旅大的抗议运动。

8月,鲁迅的小说集《呐喊》在北京出版。同月,章士钊攻击白话文、否定新文化运动的《评新文化运动》一文在上海《新闻报》上发表。

11月,孙中山发表《中国国民党改组宣言》。

1月11日,在《文学旬刊》第61期上发表《文学之分类》,文章说:"创作家要将自己的思想与感情移送给阅者,遂不得不讲求方法,表现出来的方法,便是文学的形式。由形式上可以分文学为二类:一、韵文(verse),二、散文(prose)。"署名路易。

又,在同期的《文学旬刊》上发表杂谈《卑劣的作品》,署名何宏图。另,在本期上还发表与严刚中的通信,说明:"本刊以直行排印较为清楚,不能改为横行。"

1月13日,在《儿童世界》第5卷第2期发表《弟弟救瓦雀》(图画故事),署名谢六逸,许敦谷作画。叙述一只麻雀被诱入孩子搭的砖瓦陷阱内,奄奄待毙,经"弟弟"救出。本文提倡爱鸟。①

1月21日,在《文学旬刊》第62期发表与严敦易的通信。严在听了谢六逸在上海美术专科学校的讲演以后,于1月1日写信给谢六逸。谢六逸回答说:"小说的定义很困难,批评家也

---

① 承谢六逸先生的亲属见告,谢氏生性爱鸟,抗日战争期间在贵阳,生活窘迫,家中还养着鸽子,不忍杀食。他的儿童文学作品常以爱鸟为题材。

称小说是'以感情始以感情终'的"。又说："生怕人人把作小说看得太容易了"，"小说家是不容易做的，做感想文很容易，而小说和感想文实有天渊之隔。"

本月，继柯一岑任上海神州女学的教务长，校长是邵元冲的夫人张默君。① 谢六逸先后聘请商务印书馆同事郑振铎、叶圣陶、周建人、王伯祥到女学任教。茅盾夫人孔德沚及高君箴、沈兹九、王蕴如（后来分别成为郑振铎、胡愈之、周建人的夫人）当时都是该校的学生。"谢六逸得知郑振铎与高君箴接近和关系不错，有意充当月下老人。他在征得郑振铎的同意后，便直接向高梦旦提出为两人做媒之事，高老先生一听正中下怀。"（陆荣椿：《郑振铎传》，海峡文艺出版社）郑振铎先生哲嗣郑尔康先生与笔者谈及此事时，亦肯定谢六逸的作用。另，正式求婚是由郑振铎的远方长辈郑贞文向高梦旦提出的。

茅盾在《悼六逸》中说：谢六逸离开商务印书馆以后，"事有凑巧，那时担任着某私立女学教务长的柯一岑（也许那时已经叫做郭一岑了）因与校长意见不合，急想脱离，于是便介绍了六逸自代。此后二三年，六逸大概就'呆'在这私立女校了。"

王伯祥说："在神州和谢六逸、郑振铎、周建人等同事"，"大家抽出一点时间来支援朋友，义务教书。"（1958 年在北京文学研究所时写的《自传》）

---

① 张默君（1882—1965），原籍湖南湘乡人，父亲在苏州做官，随父居苏。曾入上海圣约翰女子书院求学，后留学美国。辛亥革命胜利以后，曾组织神州女界协济社，创办《神州女报》和神州女学，是一位女权主义者。又曾任江苏第一师范学校校长，及杭州市教育局局长等职。1965 年卒于台北。

本月，参加"朴社"。据顾潮《历劫终教志不灰——记我的父亲顾颉刚》：一月初，由郑振铎提议集体办一个书店，后来由郑振铎、叶圣陶、沈雁冰、谢六逸、周予同、王伯祥、胡愈之、顾颉刚、陈达夫、常燕生等十人，每月从薪金中提出10元，存入银行，集资到一定数目，便可以出书，由顾颉刚任会计，周予同为之取名"朴社"，因为他在北京大学听了钱玄同的课，十分醉心于清代的朴学。后来陆续有俞平伯、朱自清、陈乃乾等入社。

2月1日，在《文学旬刊》第63期上发表杂谈《现在需要的小说杂志》，提出"通俗小说"应该：1."内容至少须有文艺的趣味，意在引诱一般人对于高深文艺的初步的（起码的）兴趣"；2."创作的态度应该严肃，描写不必过于抽象（如《小说世界》①里有一篇写社会主义的，态度轻佻已极）"；3."文字浅明，暂时不用逼近欧化的文句"；4."通俗小说的取材，亦应有一定的范围"。署名谢路易。

同期，在"介绍新刊"栏内介绍了赵景深编译的《乐园》和郑

---

① 1923年1月10日，商务印书馆出版了《小说世界》（周刊），茅盾在《我走过的道路》（上）第189—193页对商务当局筹划出版《小说世界》有较详尽的叙述，可参阅。主要是《小说月报》在革新以后，成为新文学的一面旗帜，刊登新文学作品，成为失去发表园地的"鸳鸯蝴蝶派"攻击的对象，与沈雁冰等新文学家发生激烈的争论。商务当局为了缓和矛盾，遂创刊《小说世界》，刊登包天笑、李涵秋等被新文学家视为"鸳鸯蝴蝶派"作家的作品。《小说世界》出版以后，遭到钱玄同、周作人、叶圣陶等人的猛烈抨击，鲁迅也有一篇关于《小说世界》的文章，后收入《集外集拾遗》。谢六逸此文也是由《小说世界》的出版而引发的。随着时代的进展，价值观念的改变，当年被新文学家视为"鸳鸯蝴蝶派"刊物的《小说世界》大体上是一种通俗文学刊物或今天的所谓"休闲刊物"、"文化快餐"。

振铎翻译的泰戈尔著《飞鸟集》。介绍《乐园》说："（文）集中为赵君的译诗和他自己作的诗"，"赵君的诗颇有自然、天真之趣"。介绍《飞鸟集》说："在这萧瑟的冬令，我们读了这本译诗，正如诗人夏芝所说，一切苦恼都忘了。"署名路。

同期，又在"通信"栏中复沈振寰、魏亦波、赵景深、粲希诸人简信。在复粲希的信中说："太戈尔的原文诗集，上海伊文思公司有卖，但价值颇昂。能寄钱到日本东京丸善会社去买，比较便宜些。"

2月11日，在《文学旬刊》第64期"介绍新刊"栏内，介绍了《小说月报》第14卷第1期和民智书局出版的杂志《心潮》①的内容。署名路。

2月21日，在《文学旬刊》第65期回答 W. T. 来信，谈"译法问题"："我以为应专重语气，因为尝试欧化中国文的时候，不特一般阅者感受不便，即译者苦心之余，也不曾得到什么好结果，其故在直译实有许多困难，要合原文，文句不免生涩；欲译文流畅，又不免背于原文。"又说："翻译不能全靠字典"，并指出当时再版十三次之多的《袖珍英汉群林》，错误百出。署名六逸。

3月1日，在《文学旬刊》第66期发表杂谈二则，署名路易。一篇谈外国人把中国古诗译成英文都不甚恰切，如陶渊明诗"暧暧远人村，依依墟里烟"，英文译文失去原来意境；另一则谈美国的二本书《文学批评的方法与实质》和《文学批评原理》对中国文

① 《心潮》，1923 年上海文学团体玫瑰社创办的季刊，其题词说："愿这些文人的心血，染在那微笑的玫瑰上，来安慰枯燥的人生"。《心潮》设有小说、诗歌、戏剧、杂录等栏目。

艺界有参考价值。

3月11日,在《文学旬刊》第67期上发表译作《战争与文学》(江按:未表明作者),署名路易译。

3月21日,在《文学旬刊》第68期复严敦易信:"《文学旬刊》增刊篇幅,目前恐不能即办,但是我们总想竭力设法,使本刊能扩充,内容更丰富些。"

4月2日,在《文学旬刊》第70期发表杂谈,谈诗与散文的区别,说:"诗与散文的区别,并不专在形式上区别";"我们要认真区别诗与散文,只消注意内容。"署名六逸。

又,同期的《文坛消息》介绍:"托尔斯泰的《战争与和平》,将由俪园、伯泰二君译为中文","兹二君来信托本刊代为宣布",谢六逸本人"特将克洛泡特金论此书的话"译出,当作介绍。

4月22日,在《文学旬刊》第71期发表《批评家卡莱尔》,文章说:"现在我们要谈'卡莱尔'①的原故,就是他的批评的态度是努力求真实,排斥空漠的、幻想之物;""在毫无批评空气的我国,我们特先介绍这位批评家。"署名六逸。

又,在同期的"文坛消息"栏介绍《文学艺术大纲》(*The Outline of Literature and Art*)一书说:"此书的编辑者为英国有名的诗人、戏剧家约翰·特林瓦透与威廉·俄彭爵士","此书将由费鸿年、郑振铎、沈雁冰、胡愈之、谢六逸诸人着手译述,甚愿同志加入共同工作。"署名路。又4月10日出版的《小说月报》第

---

① 托马斯·卡莱尔(Thomas Karlyle,1795—1881),苏格兰散文作家和历史学家,著作甚丰,以《论英雄、英雄崇拜和历史上的英雄事迹》一书名噪一时。

14卷第4期的"国内文坛消息"栏,亦刊载上述几人将合译此书的消息。后此书未见译出。

又,同期《文学旬刊》的"研究资料"栏刊登《精神分析学与文艺(十)》的《丁、梦之精神分析学的研究与文艺》,文末署路易译。按,此文以前部分为樊仲云所译,估计系合译之书。

5月12日,从本日出版的《文学旬刊》第73期起,改由谢六逸、沈雁冰、王伯祥、余伯祥、周予同、俞平伯、胡哲谋、胡愈之、叶绍钧、郑振铎、严既澄、顾颉刚十二人轮流主编。

5月,《西洋小说发达史》由上海商务印书馆列入文学研究会丛书出版单行本,署名谢六逸。谢六逸在《编例》中说:"本书的叙述是以文艺思想为经,和作家为纬"。化鲁(江按:即胡愈之)在7月12日《文学旬刊》第79期评价此书说:"但在非常需要这一类书籍的现在(现在除了周作人君的《欧洲文学史》——只谈到十八世纪为止——外,几乎没有一部介绍西洋文学原理及文学史的书),有了这样一部切要的著作,我们也只得满意了。""本书间有许多脱误,有数处叙述作品中的事实,不免略有矛盾错误,大概是因作者不尽看过这些作品的缘故,但这不过是一些小疵,全书最大的缺点,宁可说是太简略。"蹇先艾后来回忆说:"我知道六逸的名字很早,在中学时代我便读了他在《小说月报》连载的《西洋小说发达史》"。(《我所认识的六逸——悼谢六逸先生》)赵景深在1936年出版的《文人剪影·记六逸》一文中说:"这是一部最初的、恐怕也是到现在为止最好且也最详的西洋小说史。……同类书中,如郭次川的《欧美近代小说史》、如某君的《东西洋小说发达史》,哪一本能够赶得上六逸的这本书呢?"赵景深在上世纪四十年代中期又说:《西洋小说发达史》"是一本条理清晰的著作,但他后来读书愈多,感觉早年所作,颇多不满,便毅然决然的写信请商务停版,不再刊行,宁可损失版税,这都是他对于文学和教育认真的地方。"(《文坛忆旧·谢六逸》)

7月30日,《文学旬刊》改名为《文学》,定为每周出版,但期数延续,在本期《文学》(第81期)上发表《本刊改革宣言》,并公布特约撰稿人名单26人,谢六逸名列其中。

8月13日,在《文学》第83期上发表《谈戏剧》,署名路易。

9月3日和9月19日,在《文学》第86期和88期连载散文《H与其友人》,署名路易。后在收入《水沫集》时改题为《往事》。

10月19日,在《文学》第94期发表《杂谈》,谈日本关东大地震以后文学界的前景,署名路易。

11月10日和12月10日,在《小说月报》第14卷第11、12期连载《近代日本文学》,署名路易。

12月10日,在《文学》第100期纪念号上发表译作《童谣》二首,署名谢六逸。

同期,《文学》发表"本刊特别启事——《文学》负责编辑者",为"王伯祥、余祥森、沈雁冰、周予同、俞平伯、胡哲谋、胡愈之、叶绍钧、郑振铎、谢六逸、瞿秋白、严既澄"。又,同期刊登的"文学研究会会刊"——《星海》的要目预告中,有谢六逸的《最近的日本文学》一文,但1924年8月《星海》上册出版时,没有预告上的谢六逸的文章。按,《星海》仅出版了上册。王伯祥在1958年于北京文学研究所写的《自传》中,曾谈及《星海》等情况,他说"业务聚谈,多在郑(振铎)家,差不多每期总有聚餐畅谈的机会。在我们欢谈中间,也往往偶然兴发,举办了些小刊物,如仅出一期的《星海》和出过多期的《文学周报》、《鉴赏》,大都在这些谈话时间决定的。"按,谢六逸是这些聚谈中的一位。

本年,晚上在商务印书馆附设的尚公小学内,教叶圣陶、徐调孚、张梓生、王伯祥等一二十人学日文,每周二三个晚上,每次二三个钟点。徐调孚说:"但结果,都没有学成功,后来也停止教学了。谢先生很负责,见到我们半途而废,似乎歉然的样子。"(《再忆谢六逸先生》)

本年,由茅盾介绍到上海暨南大学讲授西洋文学史。

本年,由邵力子①介绍到上海大学授课。(据《复旦大学志·邵力子简史》)

本年,参加内山书店的"漫谈会":"内山书店成了那些出入于书店、侨居在上海的日中文化人士的谈话场所,完造为它取名为'漫谈会'……'漫谈会'也向'文艺漫谈会'发展,出版了机关杂志《万华镜》……参加文艺漫谈会的中国人有田汉、欧阳予倩、郑伯奇、谢六逸等人。以后,郭沫若、郁达夫等也参加了。"(山下垣夫编:《内山完造年谱》,见《出版史料》1985 年第 4 辑第 56 页)

1924 年(民国十三年)　　　　　　26 岁

1 月,中国国民党第一次全国代表大会在广州举行。

---

　　① 上海大学成立于 1922 年,校长于右任,副校长邵力子,社会科学系主任瞿秋白,中国文学系主任陈望道。邓中夏、张太雷、任弼时、萧楚女以及沈雁冰、郑振铎、田汉、蒋光慈等都曾在上海大学任教。

4月,印度诗人泰戈尔来华访问,在上海、南京、北京等地讲学。

11月,《语丝》周刊在北京创刊,最初的成员为周作人、孙伏园、林语堂、李小峰、鲁迅、顾颉刚、章川岛等12人。

12月,《现代评论》周刊在北京创刊,王世杰主编,主要撰稿人有胡适、陈西滢、徐志摩等。

1月7日,在《文学》第104期发表《杂感》,署名六逸。文章说:"现在国内关于儿童文学出版物,也有增加之势,但是仔细检阅他们的内容,所登载的作品,仍然是没有把儿童看成一个'真正的人',他们的作品的结果,不过只想儿童多识几个字,并不曾把真正的文学作品,真正滋养品给予儿童,我们心中时时疑惑,这也就是儿童文学么?"

赵景深在《记六逸》一文中谈及谢六逸的儿童观及对孩子们的态度如下:"倘若你到他家里去,你准可以看出他的孩子们在他家里是处于怎样优越的地位。他特地替他的孩子们买了一张矮桌子,四把小椅子,放在客厅中间,让他们吃饭玩耍。我们是向来是不把儿童放在心上的,让孩子们很吃力地爬上高的椅子,让他们用尽气力伸长了手臂,垫起了脚,把筷子伸出去,才能夹到一块肉或一点菜叶,大人们心里究竟是否有些难过呢?把儿童看作缩小的成人的人,我以为应该学一学六逸。"

4月15日,主编的《儿童文学月刊》创刊号出版,刊物比大32开略大,道林纸印刷,彩色封面,插有铜版纸精印的外国名画。刊物无发刊词,从内容看,主要以高小学生和初中学生为读者对象。内容包括儿童剧、儿童诗、儿歌、故事、小说、名人介绍、漫画、诗配画等。整本刊物插图颇多,大多数作品都配以题花、花边或插图,显示出编者的美学理念和精心设计。画家陈抱一、许敦谷常为刊物插图。刊物注明由儿童文学月刊社编辑,上海中华书局发行。在创刊号上发表的文章署名如下:《梅利的小羊》(诗)(逸);《割麦》(童话剧)(易);《春》(诗)(逸);《热汤和黄雀》(童话)(易);《英国民谣》(逸);《唱歌的人》(小说)(逸);《树叶》(儿童剧)(S)。以后各期,也发表了不少作品,其中的《夏茂冬枯》,收入《水沫集》。

赵景深说:"《儿童文学》特请许地山之兄许敦谷作插画。《儿童文学》只出了九期就停止了。后来六逸把这月刊上所发表的他自己的作品,辑为《母亲》、《清明节》二册交北新(书局)出版,北新编入《小朋友丛书》,改名《小朋友文艺》。此外还有《红叶》和《鹦鹉》(均新中国书局)、《俄德西冒险记》(商务印书馆)、《伊利亚特》(开明书店)。后二种是荷马史诗的本事。……又有《海外传说集》一册,上卷罗马故事,下卷日本故事,用五号字排,添加插图,分为《罗马故事集》和《日本故事集》二册。"《文坛忆旧·谢六逸》

4月,在《小说月报》第15卷号外"法国文学研究专号"发表《法兰西近代文学》,译自日文《近代文学十二讲》,署名谢六逸。

6月16日,在《文学》第123期发表译作[日]近松秋江著《五月雨的诗趣》,文末译注"五月雨即为梅雨",署名六逸。

6月16日,在《文学》第126期发表《妙文一脔》,署名宏图。文章说:在《知识》上载有曹慕管①君的《论文学新旧之异》,"据

----

① 曹慕管是上海澄衷中学校长,他反对新文学和白话文,亦曾在《申报》上撰文吹捧吴佩孚为"武圣",杨贤江曾撰文抨击。

曹君自说是看了《小说月报》、看了新文学而呵欠链环,涕泪泉涌",风闻曹君是一位提倡国故的大家,不料就作文而言,竟有许多不通的字句",呵欠可以如链环,涕可以如泉涌,岂曹君的身体组织异于常人吗?"

9月1日,在《文学》第137期发表介绍世界名著《十日谭》的文章,署名六逸。

秋,初识顾仲彝。顾说:"六逸先生是我二十多年前的老友,民国十三年秋我进商务印书馆国文部当编辑,就认识了郑振铎、沈雁冰(茅盾)、叶圣陶和谢六逸诸先生,我于是加入他们的文学研究会,每星期六或日在某一家福建菜馆聚餐闲谈,我就在这样温暖愉快的集会场面里认识了谢六逸先生。""后来我和六逸在复旦同事了七八年之久,差不多隔天在校内会面,同桌吃饭,同室办公,直到抗战军兴,我和六逸先生一同撤退到后方去。"(顾仲彝:《谢六逸先生》)

11月10日,在《文学》第147期发表《童心》,署名谢六逸。文章介绍了英国儿童诗歌作家德拉麦尔(Dela Mare)和日本知名儿童诗歌作家白原北秋等及他们的作品。同期,发表译作[日]水谷胜著《不响的笛子》,署名谢六逸。

1925 年(民国十四年) 27 岁

3月,孙中山在北京逝世。

5月,上海工人、学生举行示威游行,英国巡捕开枪屠杀示威群众,造成震惊中外的"五卅惨案"。

7月,商务印书馆《东方杂志》出版"五卅事件临时增刊",揭露帝国主义的暴行。同月,章士钊在北京创办《甲寅》周刊,反对新文化运动和白话文。

1月19日、2月2日、2月9日,在《文学》第157、158、159期连载《加尔曼的爱》,署名谢六逸,后收入《水沫集》。

5月4日,在《文学》第171期发表译作《结婚之夜》(谭达斯著),署名路易。

6月3日,由郑振铎负责的《公理日报》创刊,这份报纸是为了揭露英、日帝国主义制造“五卅惨案”的暴行而创办的,它的编辑出版工作实际上由《文学周报》①社同人担任。据徐调孚先生令媛徐生湫同志1991年5月16日给笔者的信中说:“谢(六逸)先生是参加了这一工作的”。又据王伯祥:“为日本纱厂顾正红被害事件,酿成英租界南京路的‘五卅惨案’,我们及时办了个《公理日报》,严厉抗议英、日帝国主义的暴行。发行地点就在郑(振铎)家,我们大家都做发报工作。”(1958年在北京文学研究所写的《自传》)

6月7日,在《文学周报》第176期发表介绍日本名著《万叶集》的文章,署名谢六逸。

7月9日,在《文学周报》第182期发表译作《万叶集选译》,署名谢六逸。

---

① 《文学》(周刊)从1925年5月10日第172期起改名《文学周报》,脱离《时事新报》而独立出版,并声明:“以前的本刊是专致力于文学的”,“今后所要打倒的是文艺界诸恶魔,是迷古的倒流的思想;我们所要走的是清新的、活泼的生路。”

8月24日,在《文学周报》第187期发表《盛夏漫笔》,署名谢六逸。

9月14日,在《文学周报》第190期发表译作《万叶集选译》,署名谢六逸。

本年,译述《近代文学与社会改造》由商务印书馆收入"东方文库"出版,署名谢六逸。

1926年(民国十五年)   28岁

3月,上海创造社出版部成立,出版图书和期刊;《创造月刊》于同月出版,先后由郁达夫、成仿吾、王独清等编辑。

4月,北京段祺瑞政府瓦解,直奉联军进入北京,控制政权。

5月,北伐战争开始,叶挺独立团作为先遣队向湖南挺进。

10月,上海工人举行第一次武装起义。

1月,日本作家谷崎润一郎来上海访问,委托内山完造"向中国的新进文学者作介绍,一听说与谷崎进行联欢,郭沫若、田汉、欧阳予倩、谢六逸、王独清、陈抱一等许多作家、诗人、画家等聚集一堂"。(山下垣夫编:《内山完造年谱》,见《出版史料》1985年第4辑第57页)

2月,在神州女学停办以后,进入上海复旦大学中国文学科任教,主讲西洋文学史和东洋文学史。从1932年起任中文系主任到1937年,先后同事有陈望道、洪深、曹聚仁、顾仲彝、陈子展等。

谢六逸进入复旦大学中国文学科以后,向主任刘大白建议在复旦大学设立新闻系："普及教育之利器,首数报章,以其一纸风行,力能转移社会之趋向。中国今日之报章,则以编辑者类多未受文艺之陶熔,新闻记载,既偏于枯燥而足生社会之厌,间有以旧式词章列为余兴者,非徒事陈言之规堕,据撼即流为下品之堕落而已。欲矫斯弊,宜从事文艺的新闻记者之养成,既示以正确之文艺观念,复导以新闻编辑之轨,则庶几润泽报章,指导社会,言之有文,行而能远,故拟设新闻系。"(1926 年《复旦大学章程》)①

5 月 9 日,在《文学周报》第 224 期发表《猥谈》,署名谢六逸。

9 月,刘大白在接受谢六逸的建议以后,考虑到限于当时的办学条件,只在中国文学科内设立新闻学组,聘请谢六逸为主任。谢六逸制订章程,组织教学力量,本月就招收了三名新闻学的本科学生,他们是万(马)世淦、项富春、张吾素,于 1930 年毕业,是复旦大学第一届新闻学系毕业生。

9 月 15 日,在朋友协助下独立创办的《趣味》杂志创刊号出版。《趣味》先为半月刊,但第二期以后改为月出一期。这份杂志,笔者共发现四期。徐调孚在后来的回忆文章中曾提到它:"他也曾一个人办过一个小周刊——《趣味》,自己编辑,自己发行,虽则不多几期就停刊,但看到的都称赞他编得好。他所提倡

---

① 1924 年,邵力子出任复旦大学国文部(1926 年起改名中国文学科)主任,因学校实行学分制,为鼓励学生自由选课,他向校方建议设立"新闻学讲座",聘请报社主笔、记者、编辑来校讲授新闻学知识。所以,复旦大学的新闻教学发轫于邵力子,但当时并没有正式的组织机构。

的趣味,是相当高级的,和后来《论语》等的趋于低级化者不同。也许它的短命,就为的不趋于低级。"(《再忆谢六逸先生》)

十年后,谢六逸有一篇文章,似乎可以从中解释他编《趣味》的思想。1936 年 9 月,谢六逸在介绍黄嘉德、黄嘉音兄弟创办的杂志《西风》时,在《立报》副刊《言林》著文说:"在十年前,我曾经有过一种理想,打算约集十个友人,以趣味相投者为限,每人每月出资五元,印行一种薄薄的刊物,内容专载平淡的散文。此种刊物不求畅销,只希望分送各地的友人,即令资金完全亏蚀,也不要紧,反正只有五元,办法与营利的完全不同。其唯一目的,就是看到了自己所愿意看到的东西,正同亲自走进厨房烹调自己爱好的食物一样。"(《西风》)

据《趣味》的出版预告:"本刊内容与时下各种文艺刊物略有不同,以有趣的短文、感想等为主,努力于实生活的批评与世态的讽刺,并载有趣味的创作或译文。""编辑及订阅处:上海窦乐安路大陆里东弄 13 号",出版单位为"上海趣味社"。创刊号的要目有:《病,死,葬》(谢六逸,后收入《水沫集》);《初级裁判厅》(马宗融①);《郊外住宅》(谢六逸);《俗谣》(何乃人);《世态素描》(宏图)。

10 月 1 日,《趣味》第二期出版,要目有:《源氏物语》(谢六逸,后收入《水沫集》);《初级裁判厅》(马宗融);《世态素描》(何

---

① 马宗融,曾留学法国,作家,复旦大学教授,谢六逸好友之一。1947 年 8 月 10 日写了一篇《悼谢六逸兄》刊登在《文讯》月刊第 7 卷第 3 期上,谈及他与谢六逸曾是邻居,相知较深。马宗融亦与巴金友善,后者曾著文怀念他。

宏图);《伤风的狐》(小旭)。

11月1日,《趣味》第三期出版,要目有:《鸭绿江节》(谢六逸,后收入《水沫集》);《关于文学史的方法》(谢六逸);《蕤弱娜基亚拉》(马宗融);《一首儿歌》(小旭);《愤慨》(路益);《凡列龙的寓言》(小旭)。

12月1日,《趣味》第四期出版,要目有:《桐壶》(谢六逸);《孩子》(苏兆龙);《俗歌》(尔师);《伤风的狐》(小旭);《Gossip》(路益)。①

本年,儿童文学《俄德西冒险记》由上海商务印书馆收入"世界少年文学选集"出版,署名谢六逸编,陈抱一画图。徐调孚在《一般》杂志1926年12月号上撰文介绍说:"它的故事是根据希腊荷马史诗Odyssey而重述的。一种世界文学的杰作,它的篇幅往往甚巨,而文辞又非常古奥,然其中丰富的题材,则大都极有趣味,颇为儿童所喜。所以重述或节略,是最适宜的办法。"

本年,与神州女学同事英语、音乐教员鲍岐小姐结婚,结婚时,由郑振铎充当介绍人。鲍岐原籍浙江鄞县,其二位伯父鲍咸恩、鲍咸昌是商务印书馆的两个主要创办人,其父鲍咸亨亦在商务印书馆工作。鲍氏家族均为虔诚的基督徒,谢六逸结婚以后信基督教,安家上海虹口区窦乐安路大陆里东弄13号。有一次一个学生问及谢六逸信教事,谢六逸回答说:宗教劝人行善,信它有什么不好呢?

谢六逸的学生杜绍文常去谢家,曾谈及有关谢六逸住处的一些逸事如下:"虹口是日本人势力范围……英商投资建造的那

---

① "Gossip"可译为"侃大山"、"神聊"、"摆龙门阵"等。

些'花园洋房'开始招租时,虽以三个月不收房租、不收水费为广告,但华人还是不敢承租。原因是担心在这种地区,日本浪人、高丽棒子经常欺侮华人,惯于滋生事端。而谢先生却毫无顾忌,独家首先迁入。由于他早年毕业于早稻田大学,讲得一口流利的日语,而且是标准的'江户语',加上魁梧的身材与庄严的仪表,使那些'浪人'、'棒子'不敢轻侮。"(袁义勤:《杜绍文与谢六逸》)

1927 年(民国十六年)　　　　　　　　　　29 岁

2 月,上海工人举行第二次武装起义。

3 月,上海工人举行第三次武装起义,北伐军进驻上海。

4 月,国民党"清党",上海发生"四·一二政变";李大钊等 20 余人在京就义;南京国民政府成立。

10 月,奉系军阀张作霖查封北京北新书局和《语丝》周刊,北新书局上海分局改为总局,《语丝》移上海,由鲁迅编辑。

1 月 10 日,在《小说月报》第 18 卷第 1 期发表作品评价(书话)《沉钟》("近代名著百种述略"),署名谢六逸,后收入《水沫集》。同期,发表"文坛逸话"两则:《龚枯儿兄弟》、《文豪所得的稿费》,署名宏徒。

2 月 10 日,在《小说月报》第 18 卷第 2 期发表作品评价《复活》("近代名著百种述略"),署名谢六逸,后收入《水沫集》。同期,发表"文坛逸话"四则:《小儿的啼声》、《普希金的决斗》、《托尔斯泰与二十八》、《马克·吐温的领带》,署名宏徒。

2月20日,在《文学周报》第4卷第262—263期合刊"上海生活问题"号发表《杂感》,谈上海穷人住房简陋:"平常人都被装进这鸽笼似的房屋里。1926年的夏季,热到百度以上,深夜仍不退凉。据说这一次热,已被上天收去了无数的'罪人'"。"所谓'弄',虽也有比较洁净的,大多数都是苍蝇、灰尘、垃圾的世界。""还有江北草棚里的小孩,常来'弄'里跳舞,满身疮疥"。署名宏徒。

3月10日,在《小说月报》第18卷第3期发表"文坛逸话"四则:《诗人雪莱》、《金丸药与纸丸药》、《兰勃兄妹的苦运》、《阿那托尔法郎士不受人拍》,署名宏徒。

4月10日,在《小说月报》第18卷第4期发表[日]万叶的《贫穷问答歌》,署名谢六逸。又作《日本传说十种》(附《解说》)。《解说》说:"日本是一个岛国,与有古文化的大陆接近……即以民间传说而论,他吸收中国、印度、南洋一带的痕迹,历历可指。……日本的传说和欧亚大陆的比较起来,多为轻快的、朴素的、单纯的,没有像亚拉伯、波斯、土耳其、德国那样的怪幻味,或Weird(江按:神秘的),以及凄惨味","西欧传说的主人翁多为皇帝、皇后、皇子、公主,这是贵族的、都会的,日本则多用老翁、老妇,这乃是家族的、田园的。又西洋的传说的主人公多为'Go to the World',少年男女喜出冒险,周历各国,日本此类的传说极少,用来代替这种 Type 的,则为'复仇',这又可以窥见民族性之不同了"等等。

在同期的《小说月报》上又发表"文坛逸话"三则:《暴虐狂与受虐狂》、《十反舍·一九的滑稽》、《死刑台上的杜思退益夫斯基》,署名宏图。

4月20日,在《教育杂志》第19卷第4期"教育文艺"栏发表译作荷马史诗《伊利亚特的故事》,包括:1.《金苹果》、2.《亚里亚斯的愤怒》、3.《梦》、4.《决斗》四节,署名谢六逸。

5月10日,在《小说月报》第18卷第5期上发表译作日本狂言:《鬼的女儿》、《自杀》,署名谢六逸。同期,发表文坛逸话三则:《南方熊楠这人》、《屠格涅甫逸事》、《熊特莱尔的奇癖》,署名宏徒。

5月20日,在《教育杂志》第19卷第5期"教育文艺"栏发表《伊利亚特的故事》续一,包括5《毁约》到11《船侧之战》等节,署名谢六逸。

6月10日,在《小说月报》第18卷第6期上发表译作《罗马人的行迹选译》(儿童文学),署名谢六逸。同期,发表文坛逸话四则:《勃兰特》、《迭更司唱莲花落》、《史特林堡与妇人》、《痛骂男女关系者》,署名宏徒。

同日,郑振铎在去欧洲的邮船上为《文学史大纲》作跋:"为本书帮忙最多者,为谢六逸与徐调孚二君,本书中关于日本文学的部分,几乎全为谢君的手笔。"后来又说:"我写《文学大纲》的时候,对于日本文学一部分,简直无从下手,便是由他(指谢六逸)替我写下来的。"

6月20日,在《教育杂志》第19卷第6期"教育文艺"栏发表《伊利亚特的故事》续完,包括12《特洛克拉之战死》到16《城陷》等节,署名谢六逸。文末有附记如下:"荷马史诗原著共有24卷一万五千六百九十三句,本文所述,只取原作中重要的部分,有许多不甚重要的情节,如原诗第10卷俄德麦底斯与俄德西两人夜袭特洛旅舍,杀死尼休司等类,均略而未译"。

8 月 10 日,在《小说月报》第 18 卷第 8 期上发表文坛逸话五则:《诗人与小鸟》、《歌德的晚年》、《华盛顿·欧文的家》、《巴尔扎克的想像力》、《巴尔扎克的收入计划》,署名宏徒。

9 月 10 日,在《小说月报》第 18 期第 9 期上发表译作〔日〕芥川龙之介的小说和散文:《阿富的贞操》(小说)、《女体》、《黄粱梦》、《尾生的信》、《英雄之器》(以上散文),署名谢六逸。后四文收入《日本近代小品文选》。另有芥川氏杂著一种《隽语集》,署名宏徒。

9 月,所著《日本文学》(上)由上海开明书店出版,列入"世界文学丛书"。开明书店的广告如下:"本书为谢先生在复旦大学所用的讲义,书中引用日本名作很多,实将日本文学概论与日本文学史合而为一""上卷叙述日本文学的发生,自上古文学、奈良文学、平安文学至镰仓文学及室町文学为止,非常详尽。高级中学以上用作教本,极为适宜,研究文学者更不可不读。"署名谢六逸。后此书未见下卷,只见到:"《日本文学》,开明书店出版"这样的原始资料。

10 月 2 日,在《文学周报》第 284 期发表《关于文学大纲》,署名谢六逸。说明郑振铎著《文学史大纲》中关于日本文学史部分,系谢六逸在大学的讲稿,所述如有错误,由他负责。

11 月 5 日,在《复旦旬刊》创刊号发表读书随笔:一、《英雄崇拜论》,署名六逸。这一读书随笔,后未见续刊二、三……。

11 月 10 日,在《小说月报》第 18 卷第 11 期发表译作〔日〕薄田泣菫的散文《嗅妻房的男人》,署名谢六逸。后收入《日本近代小品文选》。

12 月 10 日,在《小说月报》第 18 卷第 12 期发表译作〔日〕

加藤武雄的小说《接吻》,署名谢六逸。

本年,所译[日]松村武雄著《文艺与性爱》,由上海开明书店出版,署名谢六逸。开明书店的广告如下:"这书是以精神分析学的方法来研究文学家的,谁也逃不过他的巨眼。如谓摆伦曾与其妹通奸,即足以震惊世界。此外如莎士比亚、托尔斯泰、华司沽、雪莱、文琪、司提文生等的作品,都不客气地加以性的分析。"

1928 年(民国十七年)   30 岁

1 月,创造社、太阳社与鲁迅开展论战。

3 月,新月社于上海创办《新月》月刊,徐志摩、罗隆基、梁实秋等先后任主编。

5 月,日本帝国主义制造"济南惨案",中国军民死伤一万余人。

10 月,国民政府设立教育部。

12 月,中国著作者协会在上海成立;张学良通电易帜,服从国民政府。

1 月 10 日,在《小说月报》第 19 卷第 1 期发表译作[日]加藤武雄的小说《爱犬故事》,和夏目漱石的散文《火钵》、《猫的墓》,署名谢六逸。后两文收入《日本近代小品文选》。

2 月 10 日,在《小说月报》第 19 卷第 2 期发表译作[日]武者小路实笃的戏剧《我也不知道》,署名谢六逸。

2 月 20 日,日本画家、文学家有岛生马(有岛武郎之弟)携女儿等自日本赴法国,路经上海,陈抱一在上海大东旅社附设之大东酒楼设宴欢迎,谢六逸及陈望道、傅彦长、关紫兰、徐悲鸿等应邀作陪。

2月,在《当代》①第1卷第1期发表译作〔日〕鹤见祐辅的《观动乱的中国》,署名谢宏徒译,文末附记:"原文载鹤见氏的随笔集《步中道之心》"。此文后收入《日本近代小品文选》。

3月,在《当代》第1卷第2期发表译作〔日〕宫岛新三郎的《逝了的哈代翁——访问的回忆》,未署译者名,文末附注:"原文见日本《文章俱乐部》3月号"。此文后收入《日本近代小品文选》。

4月或5月,赠复旦大学文科图书馆图书200余部,此后并长期赠送《新女性》、《语丝》、《文学周报》三杂志。(据《复旦旬刊》第2卷第6期)

5月15日,在《复旦旬刊》第2卷第6期发表游戏文字:《余兴——教职员谜》10则,如"凤鸣于岐山"(谜底:周德熙)、"运河"(杨开道)、"鲁肃"(吴子敬)等,署名谢六逸。

7月,所著《神话学ABC》出版,为上海世界书局《ABC丛书》的一种。② 按:1989年,上海文艺出版社把茅盾的《中国神话

---

① 《当代》,半月刊,樊仲云(从予)编,似仅出4期,上海嘤嘤书屋发行。

② 《ABC丛书》是新文学家徐蔚南到世界书局工作后主编的一套丛书,撰稿人有沈雁冰、杨贤江、陈望道、胡朴安、丰子恺、曾虚白、张东荪等,杨贤江写的有《教育史ABC》,沈雁冰写的有《小说研究ABC》、《中国神话研究ABC》、《希腊文学ABC》等。全套丛书一百几十册,很受读者欢迎,也给世界书局带来可观收益,当时书局内就戏呼徐蔚南为"ABC",徐亦乐于接受。

研究 ABC》、谢六逸的《神话学 ABC》和林惠祥的《神话论》(1933年商务版),合成书名为《神话三家论》影印出版。

又,在巴金主编的《中国新文学大系》(第二个十年)中,将谢六逸的《神话学 ABC》和《农民文学 ABC》,作为基础理论,列目收入。

7月6日至8月18日,参加复旦大学暑期学校讲课,主讲文艺思潮。

8月,《农民文学 ABC》出版,亦为世界书局的《ABC 丛书》中一种。署名谢六逸。此书的《例言》说:"一、农民文学的潮流早已弥漫欧洲各国,最近且为新兴文学中的重要部分。我国具有博大的土地与多数的农民;农民生活的情形不下于欧洲各国。但是没有一个作家去描写他们,社会也让他们无知无识,这实在是不幸的事。假使我们要迎接世界文学潮流,则农民文学实有提倡的必要。二、本书先叙述农民文学的意义及其运动,以期见其发展之路径;继将俄国、爱尔兰、波兰、法国、日本等国的农民文学加以分章的叙述,以觇农民文学之实况。三、欧洲农民文学之作品,既多且广,欲将各种作品之内容,一一叙述,势所不能,本书将就重要作品之梗概叙述之。四、本书尚为中国文学界中叙述农民文学之第一本,希望有第二本出来。"本书对农民文学下的定义是:"农民文学这个名词若在广义上解释,含有左列各种的意义:一、描写田园生活的文学;二、描写农民与农民生活的文学;三、教化农民的文学;四、农民自己或是有农民体验的作家所创作的文学;五、以地方主义(都会主义之反对)为主,赞美一地方、发挥一地方的优点的文学(乡土艺术)。"

10 月 15 日,在《大江》月刊①创刊号发表随笔《篇末》,署名谢宏徒,后收入《茶话集》时改名《大小书店及其他》。此文共六节:一、大小书店;二、我的庭园;三、志贺直哉;四、集中人才;五、信仰;六、上海报纸的社会记事。"大小书店"谈"近年以来,上海的书店逐渐增多,卖旧书的也有几家,我以为是一种好现象……如果每条街上都有一二家有意义的书店和一所邮政分局,这便是国家富强的预兆了。""文化事业之一的书店经营,并不是'托拉斯式'、'百货店式'的一家大书店可以包办得了的。""志贺直哉"谈"不单是志贺氏的作品令人钦仰,他对于艺术的忠实也是少有的。""志贺氏虽属白桦一派,可是他的作品中时常用着 Realism 的手法"。"上海报纸的社会记事"谈"近年来上海有几家报纸……仔细一看纪事的材料,则不出'抢'、'奸'、'杀'、'自杀'……更将自杀者死后的姿态照相制版,恭而且敬的印在报纸上,仿佛开什么成绩展览会。"

同期,发表译作[日]志贺直哉的小品文《雪之日》,署名谢六逸。他在译者《引言》中说:"日本的著作家虽然不少皇皇大作,但终未能掩盖这些小品文字的价值。它们如睡莲上的滴露,如窗隙里吹进来的一线春风,是可爱的珠矶。再就文学理论上说,最能表现作家的真率感情的,也非这些小品文莫属了。"《雪之日》收入《日本近代小品文选》。

---

① 《大江》月刊由陈望道主编,大江书铺发行,设有随笔、创作、诗歌、文坛逸事、文坛近讯、出版界消息等栏目,主要译介外国文学、报道文坛动态等,同年 12 月停刊。

10月,《文坛逸话》由上海商务印书馆作为文学研究会丛书出版,署名宏徒。书前有《代序》一篇,约350字左右,表现出作者幽默、风趣的性格:"'头陀生来愚拙,不惯谈龙谈虎,只得说猫说狗。'洒家宏徒是也,蓬莱数载,访仙未遇,泛桴回来,走投无路。虽久已皈依我佛,却还贪恋酒、肉、声、色。有时野性发作,便也东涂西抹,胡诌几句,送去杂志补白,换得银钱,好买咖啡、卷烟、花生米……。今日天气晴和,不免模仿东土亚美利加洲辛克勒上人,学他把《火油》抱在胸前,站立闹市贩卖。……"

　　11月4日,在《文学周报》第342期发表译作[日]麻生久的散文《在某殖民地发生的事变》,署名谢六逸。收入《近代日本小品文选》。

　　11月15日,在《大江》月刊第11月号(第二期)发表随笔《摆龙门阵》,署名谢宏徒。文前有《题解》说:"'摆龙门阵'是一句贵州的俗语,四川人也有说的。意近于'闲谈'、'说故事'之类,即英语的 Gossip,日本人的'四方山的话'是也。'杂谈'、'杂感'、'随感录'等等典雅的题名,已经用得滥而且旧了。现在暂把土货拿出来用用,意在破除国内 Journalism 的沉闷;遥想本店老板见之,必嘻嘻笑也。"文章谈日本银座咖啡店女招待小费之高,对比"地大物博"的中国"吾辈小子靠卖三元千字(空行与外国字不计)之稿,以养活八口之家者","嗟乎"! 此文后收入《茶话集》。

　　同期《大江》月刊又发表译作[日]佐藤春夫的小品文《呵呵蔷薇你病了》,署名谢六逸,收入《近代日本小品文选》。

　　本年,所译[日]志贺直哉等人的作品《接吻》(日本现代创作集)由上海大江书铺出版。① 大江书铺的广告说:"志贺直哉与加藤武雄在日本文坛上的功绩声誉,已是无待细说的事了,本书是谢六逸先生用他细腻的笔触,选译志贺氏和加藤氏等底名作的集子。"署名谢六逸。

1929 年(民国十八年) 31 岁

1 月,国民党第 190 次中央常务会议通过《宣传品审查条例》,实行文化专制主义;国民政府教育部成立国语统一筹备委员会;梁启超于北平逝世,终年 57 岁。

2 月,创造社及其出版部被国民党查封。

10 月,国民党政府"令全国军政机关,一体严密查禁"书刊。

1 月 1 日,在《文学周报》第 351 期发表《1928 年的日本文学界》,署名谢六逸。此文后来作为上海开明书店出版的《日本文学》再版增订本的附录,以补该书未述昭和文学的不足。

1 月 6 日,在《文学周报》第 352 期发表译作[日]山田孝雄

---

① 大江书铺是陈望道、施复亮、汪馥泉、冯三昧等多人合股经营的一个综合性小书店,它出版文艺创作,如茅盾的《野蔷薇》、丁玲的《韦护》和刘大白的著作;翻译出版世界文学名著,如鲁迅译的《毁灭》(苏联法捷耶夫著)、沈端先译的高尔基的《母亲》等;翻译出版新兴的文艺理论,如陈望道译的《艺术简论》(日本青野季吉著)等;翻译出版社会科学著作,如潘念之译的《社会制度发展史》(日本高桥清吾著)等。由于陈望道等人是一群书生,不会经商,又因为不少书籍被国民党查禁,不能出售,损失不小,最后于 1933 年停业。

著《〈游仙窟〉题解》，译文前有一篇《前言》如下："《游仙窟》一作，在我国久已失传。唐时，日本'遣唐使'来我国，带回此书，影响日本文学甚巨。现某氏向东京古典保存会，求得是籍，将重印俾广流传。因得见书末有山田孝雄氏《〈游仙窟〉题解》一文，文述《游仙窟》对于日本文学的影响，并校刊伪讹。兹摘译此文，以供研究古代中日两国文学交涉的参证。"署名谢六逸，收入《水沫集》。按：《游仙窟》是唐代的一本传奇小说，记张文成奉使河源，迷入神仙之窟，备受两仙女的款待，系写男女生活。

同期，发表《日本文艺家协会对于各艺志社提出最低稿费要求》和《东邻消息》，署名宏徒。

1月10日，在《小说月报》第20卷第1期发表散文《讲谈》，署名谢六逸。文章说："'讲谈'这种读物，在日本是遍布于各阶级的，要看'讲谈'的人，有贵族，也有硕学，有看护妇，也有车夫君（直译 Kurumayasan），在日本文学里要寻找一种代表的民间读物，想来不会有人遗漏了这种'讲谈'罢。""'讲谈'最初是用耳朵听的，由演者语说，正如说书一样……后来'报纸文学'发达，除了登载'新闻长篇'与'通俗长篇'之外，为一般读者计，便辟一栏，将'讲谈'的演稿刊载出来，于是除了耳听的'讲谈'之外，更有阅看的'讲谈'了。""近几年来，日本大众文艺的发达，实受了'讲谈'的影响，所谓大众文艺作家，他们的作品的资料，多数与'讲谈'同源；但也有新创的，材料虽是旧的，经过这些作家的写作，已另给予一种新的生命，较之旧'讲谈'一类，价值之异，自不待言。大众文艺作家中如白井乔二、大佛次郎、三上于菟吉、国邦史郎诸人的作品，都富有艺术的价值，受着民众的狂热的欢迎。"

1月27日，在《文学周报》第355期发表译作［日］葛西善藏著《朝诣》,署名谢六逸。

2月10日,在《小说月报》第20卷第2期发表散文《三等车(A Sketch)》,署名谢六逸。文章记述在三等车上的世态、见闻:一个"夏布长衫"向一个"中山装"讲述他把一辆"从法国雪特郎汽车公司买来的,是世界最新式的车子",送给一位大官,最后,两人的问答如下:"'那么,照你说来,现在做大官,也还是那些老套吧。''何消说得,只是,现在要明了'党'义,切忌腐化'。"文章接着说:"这几句话的重音,全在一个党字上,好像铜锣敲出来的'铛'的声音。"

2月24日,在《文学周报》第359期发表译作[日]加藤武雄著《一篇稿子》,署名宏徒。

4月28日,在《文学周报》第364—365期合刊"苏俄小说专号"发表《苏俄教育人民委员——阿拉德里·鲁纳却尔斯基》,署名谢六逸。

5月1日,译作《日本近代小品文选》,由上海大江书铺出版,1933年又出第三版。署名谢六逸。篇目如下:《呵呵蔷薇你病了》(佐藤春夫)、《某殖民地某日发生的事变》(麻生久)、《逝了的哈代翁》(宫岛新三郎)、《猫的墓》(夏目漱石)、《火钵》(夏目漱石)、《观动乱的中国》(鹤见祐辅)、《嗅妻房的男人》(薄田泣堇)、《女体》(芥川龙之介)、《尾生的信》(芥川龙之介)、《英雄之器》(芥川龙之介)、《黄粱梦》(芥川龙之介)、《母性》(加藤武雄)、《巡礼者的歌》(岛崎藤村)、《雪之日》(志贺直哉)、《侏儒的话》(芥川龙之介)。正文前有谢六逸写于3月15日的《前记》:"欧人常称日本是东方的一个Garden City,她富有明净的山水与优雅纤巧的建筑;岛国的自然界景色,和大陆的又有不同。因为环境的影响,近代日本作家的作品里,有许多优美的小品文字。在西方的文学里,如吉星(Gissing)的《草堂日记》(*Private Papers of Henry Ryecroft*)、兰姆(Lamb)的《依利亚小品集》(*Essays of Elia*)、米特孚(Mitford)的《我们的乡村》(*Our Village*)等,虽也是少有的小品文字,为世人所爱读;如把日本近代作家的小品文字和它们比较起来,又别有一种情趣。这种情趣,是由于日本的自然与作者的日常生活交织出来的。日本的著作家虽然不少皇皇的大作,但终未能掩蔽这些小品文字的价值。"谢六逸又说:"小品文这一名词,被我用在这里,却包含随笔、抒情小品文、感想、Essay、Gossip 等文字,有时也把优美的评论文学也选入。"(《雪之日·引言》)谢六逸自己很欣赏日本的小品文,他说:《近代日本小品文选》"这一薄薄的小本选集,乃是我的枕边集,对我的写作有若干限度的影响"。

5月26日,在《文学周报》第 372 期发表《上海各报社会栏记者养成所学则》,署名宏徒,收入《茶话集》。文章以调侃的笔调批评上海各报的社会记事不出"抢"、"奸"、"他杀"、"自杀",以及官场、名流行踪等满足小市民的趣味的内容,庸俗下流,而且报道格式化,记者只要按照某一格式填写即可,如"第一强奸式:闸北(或十六铺)某弄 江北人 00(填姓名) 年已 0 十岁 未娶(或妻早死) 有同居 0 氏之女 年 0 岁 乘其父母外出时 0000(填入拉裤时详细情形)00 受伤 父母归 大怒 由 0 区 0 分所警士带至 00 某日开庭 法官大骂 此非性欲 直兽欲耳(堂下大喝彩大拍掌)判监禁 00 年 好色者可以作为殷鉴。"其他各式为"第二虫入女阴式"、"第三怪胎式"、"第四捕盗式"、"第五婚礼式"、"第六学者归国式"、"第七死尸展览式"。

5月,译述的荷马史诗《伊利亚特的故事》,由上海开明书店出版,1930年再版,列入"少年儿童文学丛书",署名谢六逸。

7月10日,在《小说月报》第20卷第7期发表《二十年来的日本文学》,署名谢六逸。全文分十节,包括"大题小做—明治晚年的文坛—自然主义反对运动—俳句及短歌的革新者—森鸥外—永井荷风—新浪漫主义的作家—反自然主义的二系—白桦派的诸作家—宗教文学—新思潮派—早稻田派作家—三田派—评论界诸家—普洛列塔利亚文学"等内容。

8月,所著《日本文学》(增订本),由上海开明书店出版,署名谢六逸;并由复旦大学校方采用作为教材。

9月1日,在本日出版的《幽默》①杂志上发表《文艺管见》,署名谢宏徒。文章说:"目前所谓'普罗'文学直面着的问题,就是如何能使文学大众化。……不管执笔写作的人是否普罗列塔利亚特(如果是的,最好没有),最低限度是必须具有社会意识与时代意识,用新的手法描写新的题材,把受压榨、忍痛苦的生活表现得明了痛快。此外还附带一个条件,就是——大众化。如果号称普罗作家,反而去走'大大派'、'立体派'的路,那就没有人要看了。日本的普罗作家近来已注意到作品的大众化,所以,

---

① 《幽默》,复旦大学学生办的刊物,非常简朴,页数不到10页,本市售价2分;外埠售价2.5分。署上海复旦大学《幽默》旬刊社出版,未署主编姓名,刊物地址署:上海复旦大学熊昌翼君转。创刊号上的文章除了谢六逸的《文艺管见》以外,尚有:《霞丽的梦》,悲禅;《谈家》,秀侠;《女人》(左拉基尔),光沫译;《夏天的生活》,尤予;《幽默么》,羽田。这位羽田很可能与熊昌翼是同一人,而且是复旦大学的学生,当时,谢六逸既是复旦大学新闻学系、也是该校中文系的主任,他是一贯支持学生自己办刊物的。刊物出了多少期已难查清,只在北京大学图书馆和复旦大学图书馆各保存着几期,但都不全。

有一种普罗列塔利亚的大众娱乐杂志出现（这杂志名叫《大众》）。我国曾经有《大众文艺》杂志的刊行，可惜内容还欠大众。我的预言是——中国的所谓普罗作家如果不能从大众的手里把《上海黑幕》等读物消灭，普罗文学运动就有难成功的希望。"此文后选入《茶话集》。

9 月 11 日，在《幽默》旬刊第 2 期上发表《新秋漫笔》。

9 月 30 日，在《语丝》第 5 卷第 29 期发表《日本文学史·序》，署名六逸。文章说："近二十年来的日本文学，已经在世界文学里获得了相当的地位。有许多著名作家的作品，曾有欧美作家的翻译介绍；我国近几年的文学，在某种程度上，也受了日本文学的影响，日本作家的著作的译本，在国内日渐增多；德俄的大学，有的开设日本文学系，研究日本的语言与文学；法国的诗坛，曾一度受日本'俳谐'的影响。根据这些事实，日本的文学，显然已被世人注意。"

"中国人在'同文同种'的错误观念之下，有多数人还在轻视日本的文学与语言。他们以日人的'汉诗汉文'代表日本自古迄今的文学，拿'三个月小成，六个月大成'的偷懒心理来蔑视日本的语言文字，否认日本固有的文学与他们历经变革的语言。这些错误，是有纠正的必要的。"文章最后表达"我希望另有许多胜任愉快的人出来，发表他们的研究（不单是文艺方面，如日本的政治、经济、史地、军事等，也该研究的），使中国的书铺的橱架上，增添了许多研究日本文学的书籍，俨然与日本出版界里的庞然的《支那文学史》、《支那经济调查》等书遥遥竞雄。"

在看完本书的校样以后，谢六逸又写了一篇后记如下："本书写成以后，复阅一遍，觉得有许多不满意的地方。即如《现代文学》的下篇，对于现代生存着的作家，有好些没有说到；有的虽然说及,但叙述也很简略,这点缺憾,俟将来有机会时再补足。一般文学史的体制,对于现代生存着的作家,叙述时总不能详尽,理由是还没有经过时代的洗礼,没有经过多数批评家的评衡,但是我却不愿意借这个来作我的著书的辩解。

"近两年来的著作名家,如片冈铁兵、横光利一、平林太依子、岸田国士、金子洋文诸氏,使昭和文坛增加光彩,是很重要的。如此书有再版的机会,当添上《昭和文学》一章以补足之。(校毕后记)"

这部《日本文学史》由上海北新书局于同年七月排印,九月出版,分上下两卷,上卷叙述日本上古、中古、近古文学,下卷叙述近代与现代文学。署名谢六逸。赵景深后来在《文坛忆旧·谢六逸》一文中说:"六逸是日本文学的权威。他曾经写过三本日本文学史。商务的《日本文学》最简,开明的《日本文学》(上卷)较详,惜仅出上卷,北新的《日本文学史》最详。我曾亲见他撰写《日本文学史》,桌子上所放的日文本大大小小的日本文学史(当称作本国文学史)几达三四十种,桌上、茶几上、几乎堆满了这些书,可见参考书之丰富"。蹇先艾说:"他在北新书局出版的《日本文学史》,我读了两遍,这是深入研究过日本文学且有史识之作。"(《一个对人民有贡献的人——纪念谢六逸同志诞辰九十周年》)

这部《日本文学史》在 1991 年由上海书店列入《民国丛书》重印。

9 月,复旦大学新闻学系正式创办,谢六逸任首届系主任,直至 1939 年返回故乡贵阳为止。他拟订规划,制订章程,设置课程,提出学生的培养目标是"从事于文艺的新闻记者之养成","养成本国报纸编辑与经营人才",以便矫正社会上各报"记事则枯燥无味,词章则迎合下流心理,于社会教育了无关涉"等弊端。

(《复旦大学新闻系简章》)他提倡的教学方法是理论与实践并重,课内与课外结合,学习与研究并重。他对各年级设置的课程如下:一、二年级以进修基础知识、辅助知识为主。基础知识必修课有语文、英文、第二外语、心理学、统计学;辅助知识必修课有政治学、社会学、经济学、外交概论、法学概论、历史、地理等。三、四年级着重专业知识与写作训练,设置的课程有报学概论、编辑采访、通讯写作、新闻写作、速记、校对、印刷、广告发行、照相绘画等。顾仲彝说:"在战前复旦四院十三系,以新闻系最闻名于国内,课程完备,人才辈出。新闻系各年级的课程编制是六逸先生的心血,创设了全国各大学新闻系的规范。"(《谢六逸先生》)

谢六逸又组织新闻学系师生成立复旦大学新闻学会;设立新闻学研究室,收藏国内外报纸,出版新闻学书刊。谢六逸先后聘请一批知名报人到复旦大学讲课,如戈公振、陈布雷(当时尚任上海《时事新报》主笔)、黄天鹏、郭步陶等。① 谢六逸自己先

---

① 戈公振(1890—1935),江苏东台人,1912 年参加编辑《东台日报》,开始报人生涯;曾在上海《时报》工作十余年,后到《申报》工作。1931 年"九·一八事变"以后,积极从事抗日救亡工作。曾游历欧美、日本、苏联,考察新闻事业。1935 年 10 月 15 日应邹韬奋之约从苏联回到上海筹备《生活日报》,旋因病于 22 日去世,沈钧儒曾有《读邹韬奋悼戈公振先生文》四首五言诗,其中一首为:"哀哉韬奋作,壮哉戈先生,死犹断续说,我是中国人"。戈氏著有《中国报学史》、《新闻学》等书,前者被认为是一本开创性、经典性著作。陈布雷(1890—1948),原名训恩,字畏垒,浙江慈溪人,1911 年进入上海《天铎报》,因撰写政论而崭露头角。1921 年任《商报》编辑主任,每天以畏垒之名发表政论,蜚声于时,后任《时事新报》主笔。1927 年起成为蒋介石的高级幕僚,为蒋拟了大量文电。黄天鹏(1909—   ),广东普宁人,留学日本,回国后在北京报界工作,后到上海《申报》,曾任主笔。1929 年在上海创办《报学杂志》月刊,著有《新闻与新闻记者》、《新闻记者外史》等。郭步陶,亦为知名报人,曾著有《编辑与评论》等书。

后讲授的课程有实用新闻学、新闻学概论、通讯练习等；在讲课中，谢六逸提倡"新闻即史"的观点，力主新闻工作者应具备"史德"、"史识"、"史才"三个素质。

谢六逸主持新闻学系期间，培养出一大批人才，如杜绍文①、舒宗侨（曾任《联合画报》主笔）、钱克显（曾任《新闻报》记者）、陈鹏，又名程万里（曾任中央社记者和该社负责人）、刘湘藩（曾任贵州省政协副主席）等。

1935 年 1 月 1 日出版的上海《报学季刊》第一卷第二期刊载文章介绍复旦大学新闻学系，谈及那时在校学生有 50 人；此前，有 8 届毕业生共 41 人，其名单和当时的情况如下：第一届：张吾素，留学法国巴黎大学；项富春，留学日本；马世淦，本校新闻学系助教，上海市《民报》主笔。第二届：杜绍文，前《苏报》编辑，现任职国立浙江大学出版部；陈锡良，上海《时事新报》记者；

---

① 杜绍文（1909—2003），广东澄海人，1927 年入复旦大学，后转入新闻学系，毕业前因家庭遭受天灾，无力继续学业，由谢六逸与校方商量，聘他为助教，因为杜绍文是半工半读，月薪减半为 40 元，这对一个学生已经是一笔丰厚的收入，也改变了杜绍文的命运，使他对恩师终身感激。杜绍文 1931 年后长期从事新闻报刊工作，曾任镇江《苏报》记者、杭州《民国日报》编辑，抗战时曾任浙江《东南日报》主笔、金华《战时记者》月刊主编，胜利后任上海《前线日报》、《新闻战线》主笔等职，1949 年以后，曾任复旦大学新闻学系教授等职。著有《中国报人之路》、《战时报学讲话》等。杜绍文回忆谢六逸的情况时，谈到谢的新闻学观点说：他认为新闻学是个变种，又有文学的成分；左是政治，右为文学。杜绍文又说，谢六逸的"另一个重要观点：'新闻即社会教育'。后来他又对这一观点加以阐述，认为近代报纸就是一所'文化大学'，一张报纸就是一份'社会缩图'，一本'社会教科书'，'看报纸就是看社会'，而要报纸真正成为'社会大学'，就需要发展新闻教育，来培养合格的办报人才"。（袁义勤：《杜绍文与谢六逸》）

邓友德,北平《益世报》记者;王兆元,交通部职工委员会;陶松琴,东南通讯社记者;陈鹏,上海市《民报》记者;黄超辕,广西政治军官学校编辑;沈焕宗,前《中央日报》记者,现任本校印刷所经理;杨建成,南京邮政局储金局;王德亮,《中央日报》记者。第三届:郭贞(箴)一,上海市政府情报处。第四届:魏蕴轩,前杭州《民国日报》记者。第五届:黄奂若,上海《时事新报》记者;张文杰,广西《民国日报》记者;杨寿昌,上海国华银行;吴庭,留学法国;徐叔明,中国通讯社记者;曾贯元,《汕头日报》记者;曾繁岐,《汕头日报》记者;徐公远,广西《桂林日报》记者;陆奇峰,广西《梧州日报》记者;薛琪,陕西中学;王伊蔚,上海《女声》杂志编辑;冯志翔,南京中央通讯社记者;李兴,广西省立高级中学。第六届:冯培澜,留学日本;梁惟抗,《广州日报》记者;林熙灏,《厦门日报》记者;吴锺仑,中国通讯社记者;伍应衡,《香港日报》记者;宋崇实,水利委员会。第七届:张葆奎,上海申时电讯社记者;何名忠:中央通讯社记者,现留学日本;陈藻华,山西盐务稽核所;彭昌荣,广州《民国日报》记者。第八届:徐敬常,上海《晨报》记者;刘厥成,四川二十五军秘书处;邵鸿达,杭州省党部新闻检查员。

10月11日,在《幽默》旬刊第5期上发表《〈草枕〉吟味》,介绍日本作家夏目漱石及其作品《草枕》。文章说"《草枕》虽是一部小说,但是没有结构,也没有事件的发展,只是一部感性的文字"。"'草枕'原是'和歌'中的'枕词'。'枕词'是放在名词上的修饰语,通常用四音或五音的字,'草枕'是'旅'字上的'枕词',有'旅居'、'旅宿'、'旅途'等意。""夏目漱石原是一个'俳句'作家,又是一个'写生文'的作家。他以胸怀寄托于自然界的风物,富有忘却世俗的'东洋人'的趣味。他将英国趣味,俳谐趣味,和江户趣味融混为一,作品里充溢着'俏皮'、'轻笑'、'幽默'、'闲雅'风味。""漱石的作品,可以分为三类:一、寄梦幻缥缈的情趣(如《伦敦塔》、《幻影的盾》、《琴音》、《一夜》、《草枕》……);二、在滑稽谐谑里,讽刺社会人生(如《我是猫》、《哥儿》、《野分》等),分解心理的(自《三四郎》以后皆是)……还有做文科大学教授时的讲稿《文学论》、《文学评论》等作。"此文后收入《茶话集》。

本年或以前,1. 曾在内山完造的"漫谈会"的"机关杂志"(日文)《万华镜》发表《支那剧ニ就イテ》(关于中国戏剧);2. 在日本《改造》杂志第8卷第7期发表《日本古典文学ニ就イテ》(关于日本古典文学)。(据《中华学艺社社报》1930年第1期)

本年,所著《日本文学》由商务印书馆列入"万有文库"本出版,署名谢六逸,1934年7月再版。

本年,所著《海外传说集》,由世界书局出版,后重排分为《罗马故事集》和《日本故事集》,署名谢六逸。

本年,所译《范某的犯罪》(日本短篇小说集),由上海现代书局出版,署名谢六逸。

本年,《水沫集》由上海世界书局出版,收文十五篇:《三味线》、《鸭绿江节》、《病,死,葬》、《平民诗人惠特曼》、《童心》、《十日故事》、《源氏物语》、《夏茂冬枯》、《伊藤白莲》、《加尔曼的爱》、《往事》、《关于〈游仙窟〉》、《中国的〈灰姑娘故事〉》、《霍普特曼的〈沉钟〉》、《托尔斯泰的〈复活〉》。谢六逸在〈序〉(写于1928年9月1日)中说"我喜欢用'随笔'的形式写我自己的感想或是介绍国外的著作。随笔与其他的杂文都具有特殊的效能,常常能够兴奋阅者的精神;随笔是各种文体中比较容易写成的一种,可以随笔写去(Following the Pen)，不必要什么伟大的构想与整齐的形式，可是要写得好也不很容易。国内的 Journalism 到如今依然不常见富有情趣的小品文字，就可以知道我们对于它是怎样的忽略了。五年以来(1923 年到 1927 年)，我很想学写这一类的文字，使阅者在读罢皇皇大文之后，稍稍改换口味……现在搜集了几篇，印成一集。这些文字，仅仅是当作一个小小的结束，始获有它的存在的意义。我对于自己所写的文字常常是不以为满足的，因此之故，这个集子的价值，也如同水沫一样，所以便用'水沫'为名。"

本年，曾在复旦大学文学院中国文学系编的《青海》半月刊上发表[日]菊池宽作《戏曲创作谈》，署名谢六逸译。①

本年，曾为上海《时报》编辑副刊《小春秋》。(祝庆生：《谢六逸年表》；另，《谢六逸先生事略》亦著录此项，但未表明年代)

1930 年(民国十九年)   32 岁

3 月，中国左翼作家联盟在上海成立，茅盾、冯雪峰、丁玲、夏衍等 50 余人为会员，鲁迅、夏衍等 7 人选为常务委员，鲁迅在会上作了《对于左翼作家联盟的意见》的讲话。

---

① 《青海》，上海复旦大学中文系主办，可能由学生自己办的刊物，主要刊载有关革命文学、无产阶级文学等评论文章，同时亦载诗歌、散文、小品文和相关译作。1928 年 11 月创刊，1929 年 11 月停刊，只藏于复旦大学等少数高校图书馆中。

6月,国民党人潘公展、范争波、朱应鹏、王平陵、黄震遐等在上海发起"民族主义文艺运动"。

9月,中国左翼文化总同盟在上海召开成立准备会,"文总"随之正式成立。

12月,国民政府颁布《出版法》。

1月2日,致戈公振信:"公振先生 日前晋谒畅谈为快恳接洽钱先生下学期来校讲美洲新闻事业未知结果如何务请 鼎力援助为感此外如汪英宾张继英诸位亦拟请来讲演 烦 先生代为先容无任盼祷遄颂 著祺并叩 年禧 弟谢六逸敬上1930,1,2"(原件无标点)

2月7日,致戈公振信:"日昨晋谒适值公出未晤为怅本学期教员承 左右指示 均已先后约定曷胜感谢惟全体学生仍要求 左右每隔一星期(即每月二次)来校讲演一次课程即定名为'报学讲演'时间排在每星期五上午十时至十二时此课范围较泛可随尊意作任何谈话均可(每次谨奉车费十元非敢言酬)至于其他讲师则列入'报学讲座'内与此并无冲突之处务乞 俯允以慰众望谨此布忆敬颂 春祺并盼 还云 弟谢六逸2月7日"(原件无标点)

5月11日,上海"左联"致信复旦大学文学系谢六逸、陈望道、洪深及叶绍钧、郑振铎、傅东华、冯沅君诸人,指出以前他们收到的恐吓信是有人假冒"左联"名义写的,全信如下:"最近听说有人假冒联盟名义向先生们下警告,这样的事情不但超出本联盟的工作范围,而且反乎本联盟的精神,恐诸先生为反宣传所欺骗,谨此通知。"信载5月21日出版的《巴尔底山》第1卷第5

期。《巴尔底山》编者亦在同期撰文揭露此事。①

6月3日，中华学艺社编辑日本语讲座出版预告："本社为使国内人士与赴日留学者学习日文日语便利起见，特约集本社留日多年且富有教授经验的社员，担任本讲座的讲释，内容分：文法、读本、会话三个部门，口语文语并重，选材精当，译注详明，全书已在编印中，秋初出版"。谢六逸参加编委会，并与马宗荣二人承担编辑《口语文读本》。（据《中华学艺社社报》）

7月10日，在《小说月报》第21卷第7期发表文坛消息《日本文坛又弱两个》，署名宏徒。

8月16日至11月16日，在《现代文学》第1、2、3、4期连载译作［日］片冈铁兵的《新兴小说的创作理论》，署名谢六逸。50年后，赵景深回忆说："1930年7月份，我开始编辑《现代文学》，编了六期，就因刊登谢六逸译的片冈铁兵的《新兴小说理论》，被国民党禁止停刊。"（《我所认识的老舍》，载《艺术世界》1980年第1期）

8月，在上海《教育杂志》第22卷第8期发表教育文艺《乌鸦》，取材于日本童话，文末署"1930－5－9改作"，署名谢六逸。文章谈一群乌鸦每天早出晚归，有食物大家分享；老鹰来侵犯，大家共同抵御。有一只乌鸦的翅膀受了伤，大家并不抛弃它。在大家的友好帮助下，这只乌鸦最后养好了伤，又飞回湛蓝的天空。

_____

① 《巴尔底山》，"左联"刊物，旬刊，李一氓主编。1930年4月11日创刊，5月21日终刊。"巴尔底山"是英文 Partism 的音译，含义为"突击队"或"游击队"，根据鲁迅的意见，用此隐蔽的音译为刊名，刊名亦为鲁迅所写。"突击队"的基本队员为李一氓、鲁迅、冯雪峰、潘汉年、柔石、朱镜我等。

10 月 15 日,复旦大学新闻学会主编(实际负责的是新闻学系学生徐叔明)的《新闻世界》创刊,刊登谢六逸的《新闻教育之重要及其设施》。谢六逸并为它题写刊名。此刊每学期发刊三次,终刊日期不详。《新闻教育之重要及其设施》亦由复旦大学新闻学会出版单行本,并收入《茶话集》。

12 月 15 日,新闻学系学生陶良鹤的《最新应用新闻学》由复旦大学新闻学会出版,谢六逸为之作《序》,它涉及复旦大学新闻学系的情况和谢六逸的新闻观点,现摘录如下:"复旦大学新闻学系从开办到现在已经有一年半的历史了。一年半以来,本系同学除埋头研究之外,常常在各种刊物上发表对于国内报纸改良的意见,这是我们引以为慰的。新闻教育事业在我国没有人注意,复旦新闻学系的同人和同学们却猛勇地着手建设,我们的前途是很可乐观的。我们培养新闻人才的目的,除了注重理论与实际两方面的工作而外,还须使他们成为一个新闻批评家;能够建设一种新 Journalism 的理论;对于目前国内乌烟瘴气的报纸努力加以鞭策,然后才可以说达到新闻教育的最终目的。所以复旦大学的新闻学系,时时刻刻是依照这个目标前进的。

"能自由而敏捷地写作,这是新闻记者必需的技能之一。国内的 Journalism 的理论,还在幼稚时代,我们极希望有人出来做一点介绍或创造的工作,使一般不学无术的记者们有书可读,使大众对于 Journalism 的意义能有相当的认识。陶君良鹤是一位笃学之士,对于新闻事业抱着十二分的热诚。现在本研究的心得,著了这本小册子。……我们不妨看作 Journalism 的理论建设的发端。我们不敢说陶君的书是完美的,可是他的热诚与毅力,不能不令人佩服,因为陶君还是一个青年,正在求知的时代,足以使上海的冒牌'名记者'流的堕落老年们愧死。因为他们故步自封,既没有容纳别人良好意见的量,也不想求知,只是靠着一点浅薄的经验,紧紧地抱着他们的铁饭碗。我们报纸之不能改善,这一般冒牌的'名记者'是不能卸责的。"

12月,在上海《教育杂志》第22卷第12期发表《新闻教育的重要及其设施》,署名谢六逸。

本年,谢六逸在《1930年复旦毕业生纪念刊》上写的《新闻学系概况》如下:"新闻学系成立于十八年秋季,惟探溯源流,盖亦甚远。本校旧中国文学科,原有新闻学系之设立,办理方针,尝载诸校章,略谓'社会教育,有赖报章,然未受文艺陶冶之新闻记者,记事则枯燥无味;词章则迎合下流心理;于社会教育,了无关涉。本系之设,即在矫正斯弊,从事于文艺的新闻记者之养成,既示以正确之文艺观念;复导以新闻编系之轨则,庶几润泽报章,指导社会,言而有文,行而能远'。故本系之设,实就原有规模,扩充张大。一年以来,赖诸位教授匡扶,同学之协力,幸免陨越,惟困于财力,设备容有未周。今后更当努力精进,期与国外大学新闻学科媲美。"

本年,收到日本作家谷崎润一郎寄赠的《各有所爱》(原名《蓼食虫》)。(据《新春读书记》)

1931 年(民国二十年)   33 岁

2月,柔石、殷夫等五烈士在国民党上海龙华警备司令部遇害。

3月,上海北新、群众、江南、乐群等书店被国民党政府查封。

9月,日本制造"九·一八事变",全国人民掀起抗日救国运动。

12月,胡愈之、郁达夫等20余人在上海发起组织文化界反帝抗日同盟。

1月1日,《新学生》①杂志创刊,谢六逸任"特约撰稿员",发表《欧洲文艺思潮研究的切要》,文末署作于1930年12月1日。署名谢六逸。该刊编者汪馥泉在《编辑后记》中说:"谢六逸先生已允做本志底'大本营',忽病,加以复旦大学新闻学主任的事务忙碌,所以只写了一篇短文……以后已允写《什么叫随笔》、《怎样看报》等。"

1月10日,在《社会与教育》②第8、9期合刊发表《唯性史观与大学生》,署名谢宏徒。后收入《茶话集》。文章说:"从中国的历史上看来,许多丰功伟业,不免是由性的关系助成的;又有许多十恶不赦的大罪,不免是由性的关系构成的。""唯性史观支配着中国的一切"。"性是大学生的运动机(制),有时表现出来的是广义的性,就是Eroticism(江按即'性欲')。在课堂黑板报上

---

① 《新学生》,上海光华书局出版的刊物,月刊,以改造现代学生生活和指导青年学习为宗旨,刊载中国文学史、艺术史,和评介西方文艺思潮、中外著名作家作品,以及刊登科学小品、出版界信息等。"特约撰稿员"包括周作人、周建人、赵景深、郁达夫、陈望道、郑振铎等。同年11月出至第1卷第6期停刊。

② 《社会与教育》,周刊,1930年11月创刊于上海,樊仲云主编,设有批评与主张、研究论文、书报批评、学校生活、随笔、漫画等栏目,常刊登教育是立国的根本的文章,和报道与教育有关的国内外大事等。1933年12月停刊,共出6卷,每卷20期。

写着的即兴文字……是男性大学生的本色。"谢六逸在文末加注说:"本文中的'大学生',不是专指某处某校的大学生,是泛指具有我所说的这种倾向的大学生。"

1月15日,在《当代文艺》①创刊号上发表《罗马文学的产生》,署名谢宏徒。本文系谢六逸在复旦大学文学系的讲义《欧洲文学纲要讲义》中的一节。

1月,参加上海笔会常会会议,与会者有狄平子、郑振铎等20余人。(据1931年2月1日出版的《读书月刊》第1卷第5期)

2月1日,在《新学生》杂志第2期发表译作[日]平林初之辅著《Journalism 与文学》(待续)。谢六逸在文末对"Journalism"的原意作了解释,说此词从贬义说,"就无异说,他的著作有点江湖气"。署名谢六逸译。

3月1日,在《新学生》杂志第3期发表[日]平林初之辅著

---

① 《当代文艺》,1931年1月15日创刊于上海,月刊,陈穆如主编,神州国光社发行,刊物评价新文学运动的成就、得失与发展趋势,介绍欧美、日本的文艺思潮等,设有论著、翻译小说、创作小说、诗选、小品随笔等栏目。陈穆如毕业于复旦大学中文系,该系老师谢六逸、陈望道、赵景深等应约在刊物上撰文,另一些作者为张资平、张若谷、彭家煌等。同年11月15日终刊,计出2卷5期。

谢六逸在复旦大学中文系有一件流传颇广的逸事:他的讲授课程中有一门《小说概论》,这份讲义,被他的一个学生记录下来,当成自己的著作,送去出版,事前还请谢六逸写序,他也写了。出版商碍于谢六逸的情面,也就出版了这本书。知情者都为此事不平,谢六逸却说:"他很穷,他也是没有办法,而且以后我也不讲这门课了,由他去出版罢。"(参见徐调孚:《再忆谢六逸先生》及其他篇章)据说这位学生即是陈穆如。

《Journalism 与文学》（续完），全文分 7 节，论述"Journalism"对文学的影响，平林初之辅说："近代的文学，尤其是近代的小说，是因为 Journalism 而勃兴的，又是因为 Journalism 而衰颓的。"此文后收入《茶话集》。

3 月 15 日，在《当代文艺》第 1 卷第 3 期发表译作［日］浅原六郎的《蚤》，文末署译自《都会的点描派》，署名谢宏徒译。这是一篇讽刺小品："如果蚤会说话，则太太绅士们在夜间的生活，当更道德一点吧。"

3 月 16 日，《文艺新闻》①在上海创刊，谢六逸为赞助人之一。创刊前夕，谢六逸到上海新雅茶楼参加赞助人会议，并发言和合影。到会者尚有陈望道、赵景深、黄天鹏、孙俍工、任白涛、蒯斯曛、杨昌溪、樊仲云等。谢六逸的发言如下："据报告，看出《文艺新闻》的特点：一、取材新鲜；二、对于广告的刊载有合理的规定；三、组织完全。平常我们对于所谓大报，都怀着一种不愿看又不得不看的苦处，因为大报有政治和战争的消息。至于小报，它本身存在的价值，完全是供给游荡者有闲阶级的消遣。所以《文艺新闻》的发刊，在环境感着有迫切的需要；而在整个的中国新闻事业，也是一种新的开始。现在所成的问题的只是经济问题，关于这，我以为，一、可以举行招股；二、可以设一代理部，

---

① 《文艺新闻》，1931 年 3 月 16 日在上海创刊，小报型刊物，周刊，袁殊主编。刊物称：要以"绝对的新闻的立场，与新闻之本身的功用，致力于文化之报告与批判"。它倡导出版自由，主张开展"文艺大众化"运动。1931 年接受"左联"的领导，成为"左联"的外围刊物，楼适夷、林焕平等参加编辑工作。1932 年 6 月 20 日出至 60 期被国民党政府查封。1937 年"八·一三事变"以后，袁殊打入敌伪内部，曾积极营救过许广平。

以谋些微的补助。将来的困难我们都愿尽力之所及的帮助。而且它本身既具备了存在的价值,它就有充分存在的可能了。"

3月30日,在《青年界》①第1卷第1期发表译作[日]加藤武雄的《小品》二篇,署名谢六逸译。

4月3日,致中华书局舒新城信:"新城先生:示悉。嘱译志贺直哉、武者小路二氏作品,自当遵命。交稿之期,约在7月。因不欲草率从事,需时较久,想 先生亦必赞许也。前译《源氏物语》、《徒然草》二书,现已中止,可作罢论。此复,顺颂 著祺 弟谢六逸启"

4月6日,《文艺新闻》第4期载:"谢六逸近患流行感冒,负病到校授课,他将在(《文艺新闻》)6或7期介绍他母校(日本早稻田)的演剧博物馆",但后来未见刊登此文。

4月10日,在《青年界》第1卷第2期发表《日本的学生新闻》,署名谢六逸。他在《附记》中说:"看了日本学生新闻的概况,我们便知道学生新闻的重要,同时希望有为的青年们在自己的学校里能够认真地出版学生新闻,不必将可贵的精力去消耗在花花绿绿的'壁报'上。"

同日,在《读书月刊》第2卷第1期"我的读书经验专号"上发表《读书的经验》。谢六逸说:"我对于书籍从小时就有一种爱

---

① 《青年界》,月刊,1931年3月10日创刊于上海,李小峰、赵景深主编,北新书局发行,以"供给一般学生一些精神的食料"为宗旨,向青年介绍社会科学和自然科学,以及道德修养、读书、升学就业、恋爱婚姻等基本知识,其中文艺作品的介绍与评价占了很大比重,作者队伍庞大,有鲁迅、周作人、郁达夫、胡山源等多方面人士。1937年7月停刊;1946年春夏间复刊,至1949年1月终刊。

好癖"，"我的记忆力还好，无论书籍或论文，看过一遍之后，留在脑里的印象总有半年以上不会消失。作品里的警句我更能记忆得长久些。我的读书的方法没有一定，有时作 Notes，有时用铅笔在书上乱涂线条，有时从头至尾没有作什么记号。使我的读书能力增进的季节，是夏天和秋天，春天也还可以，我最憎恶冬天。我最痛恨的，就是'围炉读书'，'躺在沙发上读书'，'泡一壶佳茗读书'等等调儿。我看书时不怕喧器，孩子在身旁吵闹也可以看下去，有几次我看书时，'太太'在我旁边对我说话，我完全没有听见，因此尝受非难云。我的信条是多读、多思、慎作。"署名谢六逸，收入《茶话集》。

同日，在《现代文学评论》①第 1 卷创刊特大号发表《新感觉派》，署名谢六逸。它是 3 月 7 日在复旦大学讲演的文稿。文章介绍新感觉派发生的原因、新感觉派的定义，以及日本作家芥川龙之介的描写技巧给读者带来的新鲜感觉。谢六逸又被该刊聘为"长期撰稿人"。

5 月 1 日，为复旦大学新闻学系学生杜绍文的著作《新闻政策》一书作序。此书列入复旦大学新闻学会丛书，由上海光华书局出版。谢六逸在此《序》中谈了他的新闻观点，摘录如下："'新闻政策'在国内向来没有人提起过，杜绍文君的这本著作，可以说是'破天荒'了。'新闻'本无所谓政策，自欧洲大战以来，帝国

---

① 《现代文学评论》，月刊，1931 年 4 月 10 日创刊于上海，同年 10 月 20 日出至第 3 卷第 1 期终刊，共出版 7 期。主编李赞华。这是"民族主义文艺运动"成员创办的刊物，主要撰稿人多数是民族主义文艺运动刊物《前锋周报》、《前锋月刊》的基本成员，有范争波等人。

主义的新闻政策，为要达到他们的侵略目的，便利用新闻政策，对外宣传于己有利的消息。例如台湾生番抗日事件，其真相如何，日本的通讯社如联合、电通等绝不肯发表。印度反抗英国的真相，同样的也不会由路透社传达出来。像这样的颠倒是非，已失掉'报道正确'的意义了。这就是帝国主义利用'新闻政策'的错误，站在'新闻政策'的立场上，我们对于这种所谓'新闻政策'，是应该加以摒弃的。

"但是，在社会主义的国家，号称以党治国的，更有非利用'新闻政策'不可的趋势。如像苏俄就是其例。苏俄的道斯通讯社(TASS)总揽全联邦的通讯权，凡是从国外传进、由国内传出的消息，都非经过道斯的总机关不可，所以一切消息都是对于苏俄有利，对于与苏俄地位相同的国家有利的。如站在'新闻政策'的立场上，则这种新闻政策，也可以有怀疑之处。

"在我国的现在情状之下，究竟应该采用'新闻政策'与否？这实在是一个大可注意的问题。离开'新闻政策'不讲，既然以党治国，则为要防御别人的'反宣传'，为要把本国的真实情形公平正确地传达于国际间，'新闻政策'已似乎不可缺少。所恐惧的就是万一自己的真实情形，不能公平正确地报告他人，非加以掩饰不可时，那末，所谓'新闻政策'，也成为一桩苦事了。

"现在我们对于'新闻政策'的是非，是应该讨论的；同时对于如何正确的运用'新闻政策'，也应该注意。杜绍文君研究'新闻政策'，颇有心得，他的这本著作，对于前面的两点，必有很大的贡献，我乐意为他介绍。"

杜绍文的《新闻政策》一书，分《导言》、《新闻政策发凡》、《新闻政策的近状》、《新闻政策的展望》、《新闻政策与中国》、《结语》

等 6 章。杜绍文在《自序》中说:"我国自 1840 年鸦片之役,列强之新闻政策,即开始展布于我国疆域……中央当局、各地报界暨举国人士,深有感列强新闻侵略政策之险毒,亟思有以抗之,而每苦于是项研究专籍之奇少,不足以收'知己知彼'效。本校新闻学系主任谢六逸先生有见及此,故命余于'新闻政策'一门,加以探讨。"杜绍文后来又说:"第一次世界大战后,许多国家都重视新闻政策的研究,但在我国还属缺门",所以谢六逸指定杜绍文从事新闻政策研究,以作毕业论文。(袁义勤:《杜绍文与谢六逸》)

5 月 4 日,《文艺新闻》第 8 期载:复旦大学新闻学系学生郭箴一"最近佳作选集《少女之春》由上海联合书店出版","谢六逸教授推为中国最有希望的女作家"。郭箴一以后还有《中国小说史》(上下,由上海商务印书馆出版)、《中国妇女问题》等书。①

5 月 10 日,在《现代文学评论》第 1 卷第 2 期发表译作[日]高须芳次郎著《日本文学的特质》,作者说:"《日本文学的特质》,从大和时代起,已经明了地显示出来了。换句话说,就是因为明媚的风光,秀丽的山水,培养着的国民性,强烈地反映在文学上。"署名谢六逸译。

同日,在《青年界》第 1 卷第 3 期发表《美国新闻大王哈斯脱》,署名谢六逸,后收入《茶话集》。

5 月 15 日,在《微音》②月刊第一卷第 3 期发表《但丁的〈神

---

① 郭箴一后去延安,改名"宗铮",为中央研究院(前身为马列学院)干部,其夫潘芳(潘蕙田,留学德国),亦在中央研究院工作。在"王实味事件"中,与王实味,加上另一对夫妻,被打成王实味"五人反党集团"。李力:《父亲李克农与潘汉年:王实味事件》,见《作家文摘》2008 年 9 月 16 日。

② 《微音》,月刊,1931 年 3 月 15 日在上海创刊,是指导青年学习和生活的一本刊物,蔡慕晖主编,辟有创作、诗等栏目。介绍世界文学名著及

曲〉》，文章对《神曲》的结构和梗概作了介绍，"但丁的《神曲》（*Divine Comedy*）是一部人类灵魂的叙事诗。但丁作《神曲》意在扫除中古教士的黑暗与压迫，认定'上帝'为真理、美、人生、光明、爱的象征。他以为一个人必须有纯净的灵魂，高尚的人格，然后才可以到达乐园，与'上帝'同处。"

5月，郭箴一的毕业论文《上海报纸改革论》列入复旦大学新闻学会丛书，由上海光华书局出版。谢六逸作序。谢六逸说："现在上海的报纸，有几点是急需改革的。如果改革了，我想总不致于妨碍'赚钱'。就是细而且长的广告——像蛔虫似的广告，能不能改排为其他的形式（如长方形或方形）呢？那些某人将于某日出洋留学，他如何告别亲友的新闻地位，以及他的一方玉照的铜版，可不可以省下来……还有那些某某博士某某硕士从外国回来，自称某某机关将大大的录用云云的新闻"也都可以省下来，"又有那些强奸的新闻，万一非登载不可"，不要作细节的描写，等等。谢六逸此文主要是针对《申报》而发的，因为《申报》的经理曾经对谢六逸说："我们何必改革呢？因为照向来的老样子已经能够赚钱，万一改革之后，发行与广告减少了，反而亏本……三一三十一，二一添作五，先生弗是生意经呀！"针对当时新闻界的这种很普遍的风气，谢六逸在指导毕业生的论文中授意郭箴一撰写这本书。

5月，神州国光社出版的《读书杂志》第1卷第2期刊登一则文坛消息如下："胡秋原近来又改名为萩原，谢六逸以为改得很好。他说，'在日本人念来，更为适宜，因萩原为日人姓——八

其作者的生平，探讨文学理论，宣传爱因斯坦等名人的人生哲学等。撰稿人有陈望道、汪馥泉、傅东华、蒯斯曛等。

戈バテ,是也,萩又名胡枝子,与你的姓也有关系。'"

5月底,"由复旦大学文学系主编之《文学杂志》已于5月底出版,该刊系由光华书局印行,内容颇多精彩,内有赵景深、傅东华、谢六逸等氏之文章,实系开学校文艺刊物之新纪元也。又闻该刊系管照微君编辑云。"此条消息摘自1931年6月10日出版之《读书月刊》第2卷第3期。限于条件,笔者未找到《文学杂志》,因而也没有查到谢六逸的这篇文章。又,同期的《读书月刊》还载有如下消息:"乐华图书公司特请贺玉波主编《学友月刊》,第二期已由贺君编妥,现已出版,闻特约执笔者有郁达夫、谢六逸、傅东华"等。

6月1日,在《文艺新闻》第12期发表《最近的感想》,署名谢宏徒。文章提出:"报纸不比别的事业,它是时代的前驱;又是民众的一种公共事业。一家报馆虽然是由少数的企业家创办的,但必须以民众的福利为依归。""现在各报之不能改进,环境的力量在其次,主要的原因有四:其一是缺乏新闻批评家……我们希望有力的批评家出来……一方面促进各报的改善,一方面使阅者知道辨别报纸的好坏……其二是,新闻学知识的贫弱……现在我们应该努力于新闻学书籍的写作,介绍各种与新闻学有关的知识,使之大众化。其三是,没有专门培养新闻人材的学府。……其四是,新闻事业的托辣斯化,新闻事业是公共的事业,应该大众化。现在我国的几种都市报,已被二三资本家操纵……此外还有许多原因,如像报馆主笔每天在做大官的念头,写作'社论'也无非和官场吊膀子"。谢六逸最后说:"我向来是反对形式大而实质小的报纸,赞成形式小而实质大的报纸(但决不是上海的小报)。我们要打破上述四种障碍,非努力于新闻学理论的建设不可。"

6月4日,《文艺创作讲座》(双月刊)出版,谢六逸撰有《小说创作论》和《浪漫主义研究》两文,均署名谢六逸。在前文中,谢六逸说:"能否创作小说,作品是否成功,全赖于作者的人格、思想、修养(包括文字、读书、经验)等条件",并说"当创作的时候,我们应该离开没有'生活的价值'的材料,落伍的思想,陈腐的题目,无意义的事件"。后文包括8节:1.浪漫主义的意义;2.浪漫主义的起源与派别;3.浪漫主义的传播;4.法国的浪漫主义作家;5.英国的浪漫主义作家;6.德国的浪漫主义作家;7.俄国的浪漫主义作家;8.北欧与南欧的浪漫主义作家。

6月中,被中国公学聘为文学院院长兼文学系主任,聘请赵景深、郑振铎、余楠秋、顾仲彝等任教,其他同事尚有卢冀野、傅东华、陈子展等,"学生们选课的极多,以致原有的课室容纳不下,特在操场建造草屋两大间,课桌椅就放在泥地上,像说大书似的上课。六逸、振铎和我就在草屋里讲授'文艺思潮'、'中国文学史'和'小说原理'。六逸授课常用硬卡片摘录大要,讲授得极有条理,他所教的'文艺思潮'、'神话研究'、'小说原理'等从来不写成书;为审慎起见,遇有西洋作家姓名或派别名词,每每把西文写在黑板上,而不读音;恐防读错,贻误学生。"(赵景深:《文坛忆旧·谢六逸》)

7月10日,在《小说月报》第22卷第7期发表国外文坛消息:《苏俄刊行日本古典文学集》,署名谢宏徒。

夏,在复旦大学对考生进行口试时初识林辰(王诗农,亦贵州籍)。不久,林辰去施高塔路(今虹口区山阴路)谢六逸家拜访。

9月初,谢六逸与赵景深、傅东华、樊仲云设宴欢送郑振铎赴

北平燕京大学授课。(据9月7日出版的《文艺新闻》第26期)

"九·一八事变"以后,中国公学学生组织抗日会,校中发生风潮,副校长潘公展、秘书长朱应鹏相继辞职,谢六逸与樊仲云、刘南陔、胡耀楣四人被推为校务维持委员。至12月中旬,校务维持委员均辞职。(据台北南京出版公司的《学府纪闻:私立中国公学》一书)

10月6日下午,朱应鹏、徐蔚南等在东亚食堂邀集"文艺界同人集会讨论",到会者有谢六逸、傅彦长、陈抱一、张若谷、邵洵美、杨昌溪、郭步陶、汪馥泉、赵景深、萧友梅、关紫兰等27人,讨论成立"上海文艺界救国会","当日在座者为发起人"。以后第二次开会,到张若谷、李青崖、曾今可、邵洵美等人。(《草野》第6卷第7、8号)

10月15日,上海复旦大学新闻学会出版部编的《明日的新闻》出版,半月刊。由新闻系学生黄奂若主编,他在《扉话》中说:"《明日的新闻》的题名是经过了新闻学会执委会的通过才采用的。它的意义很显明的在表示我们研究新闻学的使命与目的。现在的新闻事业,不必说,我们是不能满意的,满意的新闻事业在将来,将来的新闻事业期待着我们去培植与灌溉。这样,也许'昨日'与'今日'的新闻事业会钻进坟墓,'明日'的新闻事业会发荣滋长罢,于是'明日的新闻'便给我们采用了。"刊物除刊登"反日文字以外,我们还希望有很好的研究新闻学的文字能发表,我们是改革中国新闻事业的先锋,对于学理的实际的改革方案,自应多多的贡献。"

创刊号的第一篇文章是谢六逸的《抗日声中新闻界应有的觉悟》,文章说:"在东省事件发生以前,我们在上海的报纸上所常看见的是些什么呢？归纳起来，有如下列几种：一、'附刊'里的颓废游荡的文字；二、'社会新闻'栏内的淫靡的记载；三、不关痛痒的评论文字；四、从'路透'、'电通'得来的国外消息；五、所谓'风流艳腻'、'肉感丰富'的大幅的电影广告。"谢六逸说："经过这次的事变，上海的各报，已到自己清算，自己批判的时候了"。为此，他提出："一、上海各报的组织向无外国通讯部"，"报馆里面如有外国通讯部的设立，不单是国际新闻的材料来源不断，同时还可经过记者的手，作成时事问题解说"。"二、评论与论著应该采取委员制"，"现在国内报纸的评论，多由主笔在看'大样'之后，捉住一件时事，敷衍为文，这样作成的评论，其无力量，不言而知"。"三、改用综合编辑法"，"我们不问这件新闻发生在什么地方，只问这件消息的新闻的价值的高下，假如是和国民有切肤的关系的，和世界人类有重要关系的，不管什么国内国外，本埠外埠，都应该用极重要的纸面去安排它"。"四、副刊宜做启蒙运动的工作"；"编辑完善的副刊可以视作世界学术情报的机关，举凡世界最新的学术，各国文坛的消息，新刊的书报，专门著作的介绍，都应该借副刊的地位介绍给阅者知道的。""我们要赶快提高阅者的趣味，使一般国民知道我们生存在怎样一个世界里面。在帝国主义的压迫之下，哪里还有闲暇来吟风弄月，或是拿《聊斋志异》在报上翻版呢？启蒙运动的工作，只有报纸的副刊最相宜。""在国难声中，报纸应该走在民众的前面，固不必说。但是上海的报纸，反而在愚弄民众。我们看'国际联盟主持公理'的特大号的标题，不是在愚弄我们吗。国际联盟能够主持什么公理，报馆里的主笔先生们享受了这一类的'热屁'，不假思索，再拿来转奉国人，不是有意愚弄民众是什么意思呢？"文末署"二十年十月十五日"。

据胡道静在三十年代著录的《上海的定期刊物》称:《明日的新闻》的"宗旨——透视资本主义新闻纸的罪恶,建设世纪之光的民众报道事业。一·二八战后,机损停刊;廿一年(按即1932年)十一月十八日假《中华日报》复版,改为周刊,共出六号;二十二年(即1933年)四月一日起仍自印单行本"。

10月23日,《文学导报》①第1卷第6、7期合刊出版,刊载了石萌(茅盾)的《评所谓"文艺救国的新现象"》,石萌说:"我们知道所谓'上海文艺界大团结'只是向来灰色的几个人如谢六逸、赵景深、徐蔚南、张若谷、李青崖等在'救国'的面具下向民族主义派②的一种公开的卖身投靠!"

10月29日,鲁迅作《沉滓的泛起》(载于12月11日出版的《十字街头》③第1期,署名它音,后收入《二心集》),在引用《草

----

① 《文学导报》,中国左翼作家联盟机关刊物,其前身是《前哨》,1931年4月25日在上海创刊,半月刊,载有《中国无产阶级革命文学和前驱者的血》等文。第二期起改名《文学导报》,同年11月15日终刊,共出8期。

② 民族主义文艺运动的中心人物是朱应鹏、张若谷、傅彦长、黄震遐等人,其后台可能是国民党军统组织蓝衣社,他们的《民族主义文艺运动宣言》最初发表于《前锋周报》第2、3期(1930年6月29日、7月6日)。施蛰存曾有一篇《我和现代书局》(载上海《出版史料》1985年第4期)具体谈及张若谷、黄震遐等人怎样凑在一起,及《民族主义文艺运动宣言》一文出笼的情况。鲁迅曾有一篇《"民族主义文学"的任务和运命》对它进行批判,此文后收入《二心集》。1932年"一·二八事变"以后,民族主义文艺运动就烟消云散。

③ 《十字街头》,亦左联刊物,鲁迅主编,冯雪峰协助编辑,1931年12月11日创刊于上海,初为半月刊,后为旬刊,1932年1月5日遭国民党政府查禁,前后仅出三期。

野》报道谢六逸、朱应鹏、徐蔚南三人发起成立上海文艺界救国会的消息以后，说沉滓的泛起中，"明星也有，文艺家也有"。

10月，《茶话集》收入徐调孚编的"新中国文艺丛书"，由上海新中国书店出版，署名谢六逸。全书分二部分。第一部分为随笔，篇目如下：《摆龙门阵》、《作了父亲》、《大小书店及其他》、《致文学青年》、《唯性史观与大学生》、《读书的经验》、《"草枕"吟味》、《文艺管见》、《童话中的聂林》、《素描》、《"中国文学系"往何处去》、《新时代的新闻记者》。第二部分主要为新闻学文章，篇目如下：《性爱与痛苦》、《美国新闻大王哈斯脱》、《新闻教育的重要及其设施》、《日本的学生新闻》、《〈上海报纸改革论〉序》、《唯物文学的二形态与其母胎》、《Journalism与文学》、《上海各报社会栏记者养成所学则》、《日本文学的特质》。谢六逸在《序》中说："我看见别人开会时，秩序单上常有'茶话'、'余兴'的节目，临到这两个节目时，已是在'雄辩'、'叫喊'，筋疲力尽之后了。所以我的书名便采用'茶话'二字，也希望读者以同样的心情看待它。"1947年12月，上海博文书店盗版翻印此书，改书名为《摆龙门阵》，署名谢六逸。

赵景深在《文坛忆旧·谢六逸》中谈及此书时说："《茶话集》的下卷是谈新闻学的，虽是专门的学问，却出以幽闲的文章，或写新闻业大王的一生，或幽默地介绍社会新闻的公式（例如怪胎奇花之类），所以也不妨当作杂文看。"

《茶话集》中的《新时代的新闻记者》一文，仍然表达了谢六逸对当时上海新闻界从业人员素质的看法："现在上海报馆的记者们，大多数是'冬烘'之流，对于新闻的采访与编辑，都使用着极陈旧的方法，所以上海的报纸不见有什么进步。""新闻记者如何能够适应这个新时代呢？我想他们除了应有的知识以外，还得具备下面的几种物质。""第一是健康"；"第二是明快"；"第三是机智"；"第四是热情"；"第五是常识，记者除了自己的专门学识之外，必须常识丰富。常识就是百科全书的'缩印版'，记者所急需的常识，有思想、文艺、政治、经济、社会、历史、地理、Sports 等。""第六是认识我们现在所处的时代，涉猎现代人应有的一切知识，有尖锐的眼光观察我们的社会与时代，作社会的先驱者。"

本年，因复旦大学新闻学系办学成绩突出，国民政府教育部聘请谢六逸编订大学新闻学系课程及设备标准，作为国内各大学新闻学系的准绳。（据《复旦大学志》）

本年，在复旦大学新闻学系内创办复新通讯社，供高年级学生实习。通讯社内分设计、编辑、采访、交际、校对五部，每日发稿两次，供江苏、浙江、上海各大报选用。

本年，所译日本小说集《范某的犯罪》由上海现代书局出版。（据 1931 年 6 月 10 日出版的《现代文学评论》第 1 卷第 3 期）

1932 年(民国二十一年)　　　　　34 岁

1 月，日寇侵犯上海，发生"一·二八事变"；商务印书馆总公司遭炸毁。

3 月，伪"满洲国"在长春宣布成立。

5 月，胡适、丁文江等在北平创办《独立评论》。

9 月，《论语》在上海创刊，林语堂、邵洵美主编。

11 月，国民党中宣部公布宣传品审查标准，凡宣传共产主义、国家主义、无政府主义者均视为"反动";凡批评国民党政策者,均视为"危害民国","一律禁止"。

1月28日,日寇进攻上海闸北,谢六逸率全家避难到法租界一家小书店的楼上,至局势平静后返回闸北旧寓。谢六逸记述这段避难生活说:与叶圣陶全家住在汽车间里相比,"我的全部家族挤在一间楼上,倒应该是优游闲适了。像那几天的生活,我以为是很理想的。什么东西都没有了,连一本破书也没有,我愿意它被炮火毁得一干二净,从此可以天南地北的浮浪一下,使自己尝尝人生的异味,岂不有趣。那时真是有闲得可以,日里除了接连地看翻几种战报之外,就想溜出屋外,看飞机在有十字架的屋顶上面飞翔,这就是我站立在冷冰冰的十字街头的原由了。"劫后的旧居情况是:"进了门只见地板上有大大小小的窟窿,靠外面的墙上有一个大洞。客厅里面,正像这四个字:'空空如也'。走上二楼也是一样,所不同者只是地板上有许多拉碎了的衣裳,还有若干本破书。我所悬挂的是三层楼的一间,那里是我藏书的所在⋯⋯我走上三楼的书室,所有的书架都倾倒在地板上,垃圾灰尘和大小书籍混合在一起。学校里的讲稿之类分散四处。""书籍损失过半"。(《在夹板中的随笔》、《新春读书记》)

2月1日,在《文艺新闻》第74期上发表《谢六逸声明》:"近来有一两种刊物(例如《文学导报》)里面的文章,常将我的名字列入'民族主义文学者'之内,受此殊荣,惶感特甚。

"我揣测加我以这种头衔的人有两类:一类是他本身是一个民族主义文学者,不惜降低自己的身份,引我为同类。一类是对于民族主义文学理论,有精密研究的人,他们见我说的话,写的文字,穿的衣服,证明了我是一个民族主义文学者。除此两类之外,称我为民族主义文学者的人,都是出于误会。

"根本上我不懂得什么叫做民族主义文学,我对于此种理论,既没有写文章斥骂的义务,也毫无附和称扬的意思。

"直到今日,我还是一个依赖教书过活的薪给生活者,自然是属于小资产阶级。在没有其他的生活方法可以代替之前,不免依然灰色的地,灰色的地……的地生活下去。但也希望大时代的到来,静待本身阶级的崩溃。"文末署"1932年1月21日"

2月或3月,舒宗侨进入复旦大学新闻学系,"'一·二八'淞沪战争结束不久,我到复旦新闻学系读书,他(江按:指谢六逸)主持入学口试,给我的第一个印象是敦厚谦和……我上过他的新闻学概论以及通讯练习、编辑等课。谢先生讲课好似谈家常,有时穿插些幽默故事。学生都乐意听他讲授。"(谢六逸和《立报·言林》)

5月10日,《文艺创作讲座》第二卷出版,目录上有谢六逸的《描写例类》一文,但无正文。

6月1日,《微音》第2卷第2期出版,在"介绍几本好书"栏中有谢六逸介绍的二本书:"1.《近代文学十二讲》,汪馥泉译,升曙梦等著,北新书局;2.《苏俄文学理论》,陈雪帆译,冈泽秀著,大江书铺出版。介绍理由:这二部书是叙述文学思想最明了的好书。"

7月1日,《微音》第2卷第3期出版,在"介绍几本好书"栏中有谢六逸介绍陈望道、施存统著的《社会意识学大纲》,大江书铺出版。介绍的理由是:"我介绍的前二种著作是讲文学思想的,这部著作讲的是'文学思想'背后的东西,所以可以参考。"

12月1日,应约在黎烈文主编的《申报·自由谈》发表随笔《汤饼宴》,署名谢六逸。文章说:"开一次汤饼宴,就是父母对于新生的孩子表示负责;在各方面把自己的孩子养成一个战士,让孩子为本身战,为社会国家战。我们盼望一代比一代好,所以新生的孩子值得庆祝。除此而外,汤饼宴也就毫无意义了。"

12月21日,在《申报·自由谈》发表《关于小说的评选》:"上半年替上海的某书局选了一部《模范小说》,在各篇的后面,都有分析的介绍,本篇打算用作原书的序文。现在提前发表于此,就正'大雅'。

"从前金圣叹评《水浒》,评到潘金莲喊武松做'叔叔'、'叔叔'的地方,金圣叹从她喊出第一个'叔叔'就跟着数起,一直数到三十多个,最后的评语是,'写淫妇便是活淫妇,以上已经叫过三十九遍叔叔,至此忽然换上一个'你'字,妙心妙笔'。这种鉴赏的批评,在批评文学没有什么的中国,即在今日,也自有相当的价值。虽然现在已经有了'意识模糊'或者'……能把握现实'一类的批判。可是过于笼统的批评,我是……我是什么呢?我是不敢说它不好。

"……在号称革命的人看来,文字原是末流,最要紧的是'意识正确',且须必得'拥护自身阶级的利益'。不过愚以为新八股写得太多了,也许会妨害'意识的正确',甚或不免减少'拥护自身阶级的利益'的力量。我们的希望很简单,不但要大家的'意识正确','能拥护自身阶级的利益',更盼望大家少写几句八股文。不要一味模仿他人,须能自铸新辞才好。

"……我不想做什么'指路碑',最高的目的,不过是将个人欣赏作品的丝毫所得,写点出来供给喜欢看小说的青年,在'文字'、'意识'、'描写'各方面,助他们一臂之力而已。"署名谢六逸。

本年,封季壬(笔名凤子)进入复旦大学中文系,晚年(二十世纪九十年代)她回忆入学后的情况说:"1932 年我考入上海复旦大学中文系……中文系主任谢六逸,贵阳人,他兼任新闻系主任。我选修了新闻系谢六逸先生的有关新闻采访课。谢先生负责《复旦学报》,有个暑假,我到杨行采访了赋闲在杨行家中的马君武先生,写了篇《杨行行》,发表在《复旦学报》,作为暑期采访的习作。我的采访实习可能给他留下了较好的印象。复旦毕业时,他就介绍我到《立报》做记者。当时新闻系毕业的一位姓熊的同学,急望到《立报》去,而正好赵景深先生介绍我到女子书店编辑《女子月刊》,从此走上了编辑工作的岗位。一晃眼,却是50 多年前的旧话了。"(凤子:《我的几位师长》)

1933 年(民国二十二年)　　　　35 岁

1 月,日寇侵占山海关,进逼华北。

5 月,日寇侵占遵化、唐山等地,平津受到严重威胁;国民党政府与日本签订"塘沽协定",承认日本占领东三省的"合法性"。

6 月,中国民权保障同盟总干事杨铨在上海被国民党特务暗杀。

10 月,邹韬奋主编的《生活周刊》遭封禁。

1 月 1 日,应胡愈之之约在《东方杂志》第 30 卷第 1 期《新年的梦想》栏中发表两则梦想:一则为:"从做工的地方出来,坐在一个美丽的公园里,看看别人写的随笔,英文的如 Gissing 的;日文的如薄田泣菫的、荻原井泉的;中文的如周作人的,而不致被人骂为不革命"。别一则为:"未来的中国,应该像现在我的一个友人的家庭,他们没有阶级,不分彼此,互不'揩油',有人欺侮他们中的一个,就得和别人拼命,至于互相亲爱,还是小事。"署名谢六逸。

同期,又发表《在夹板中的随笔》,包括《战时的街沿》、《半夜的来客》两节,写他在"一·二八事变"中自己的遭遇和所见,见到在租界的街头,一个从炮火中逃出来的妇女,哭诉丈夫在战区被流弹击中死去,一个孩子在怀中病死。谢六逸说:"啼声混在凄厉的北风里,令我想到自己正踱进了地狱。"

1月5日,在《微音》月刊第2卷第9期发表译作《世界大战和妇女劳动》(A.柯伦泰女士作),署名谢六逸、董每戡译。

2月18日,在《社会与教育》第5卷第12期发表《一个提议》。此文显示了谢六逸文章的风格,摘录如下:"苏联的电影是用来宣传主义的,美国的电影是宣传'恋爱学'(也就是人生哲学)的,中国的电影是神仙侠客的教科书。

"义勇军的影片在上海决不会起什么作用,因为它胜不过'粉腿'、'歌喉'的宣传。美国的电影实在是一种极好的'社会教育'的工具。例如十二三岁的儿童看见影片里的男女接吻,就在黑暗中发出'嗤'的声音;老头子看见粉腿的动摇就会展开笑颜。我们还能说这不是极好的'儿童教育'和'老头子教育'(Bringing up father)么?而且无论老少都很适宜的课外补充读本呢。

"从这里我得到一个提示,更转为一个提议,不过电影馆的经理未见得肯采用。

"第一，各电影馆应该有一场专映儿童看的影片，如'卡吞'、探险、风景、工厂、动植物、各类生产事业的程序一类的影片，或在星期日加映一场也好。

"第二，凡有声电影片里的英语对白，都给抄录下来，照剧本的形式，印成小册子，英文之次，附以译文，即定名为《英汉对照有声电影对话集》。凡有俚语难句都加以汉文注解，聘请英文专家如某博士之流担任此项工作。庶几男女大学生于观览'恋爱学'之余，复能听着道地的英语（其实是美国语）。课堂里的工作，干燥无味；电影馆里上英文课，飘飘欲仙。依我的观察，文学博士梅兰芳上课堂，绝对没有学生逃席；依此推测，Greta Garbo（江按：即上世纪三十年代被称为银幕女神的好莱坞影星葛丽泰·嘉宝）露出'粉腿'，眯着'媚眼'教美国话，还怕大学生不肯用心听讲吗？

"彼牛津大学学生的知识都是坐在沙发椅子上和教授抽烟谈话而得的，则我上海各大学的学生，又何吝啬于'粉腿'、'媚眼'中以学'美国话'耶？

"这两个提议全出于正正经经的态度，第一个提议决无丝毫开玩笑的意思；第二个提议恐将被人误会，但我郑重声明决无一丝玩笑之意。伏惟各影戏院经理采纳，幸甚。"署名宏徒。

2月，兼任上海《申报》新闻函授学校教授，同时担任该校教授的有林语堂、俞颂华、江问渔等，校长为史量才。谢六逸为该校编了四部教材：《新闻储藏研究》、《国外新闻事业》、《实用新闻学》、《通讯练习》，从1936年到1940年由《申报》馆出版，将在以后介绍。

3月1日，在《文艺月刊》①发表译作《北欧神话研究》，署名谢六逸译（未署原作者名）。文章介绍了瑞典、丹麦等国神话，指出北欧的神话"比较能保持本来的面目"，同时也与希腊神话进行了比较。

3月19日，上海各大学成立"教联会"，谢六逸参加为会员。

3月21日，在《读书与出版》②发表《新春读书记》和介绍郑振铎著《中国文学史》，前者署名谢六逸，后者署名宏徒。《新春读书记》说："新春有三天假，借来几种日本杂志的新年号……我所希望看到的是日本学者文士们的持平之论；当他们的军阀、泛系党……猖狂的时候，看他们的态度是怎样的。

"我一共看了四种杂志的新年号：《新潮》、《文艺春秋》、《改造》、《中央公论》。……《新潮》是日本纯文艺杂志中资格最老的"，"平时揭载的，大半是新兴艺术派的作品，但也有左翼作家的作品"。新年号的第一篇文章是《呈陆相荒木书》，"荒木是日本帝国主义的刽子手……文章的要点，就是劝荒木把所有的日本陆军全部开到'满洲国'去。……《新潮》这几年完全堕落了，虽号称纯文艺杂志，编者为了迎合低级趣味，替资本家赚钱，不

---

① 《文艺月刊》，1930年8月15日创刊于南京，由国民党人王平陵、钟天心等主办，撰稿人中包括原创造社及新月社、南国社和其他方面人士。

② 《读书与出版》，上海神州国光社出版的刊物，月刊，1933年3月创刊，同年5月停刊，仅出3期，与后来1935年上海生活书店出版的《读书与出版》同名。神州国光社成立于1910年，以出版画册、字帖、印谱为主，1928年由国民党左派将领陈铭枢接盘，成为一个出版社会科学书籍的出版社，兼出杂志。1949年以后，接受中国史学会、中国经济学会的委托，出版《中国近代史资料丛刊》和《中国近代经济史资料丛刊》多种。

惜模拟通俗的无聊刊物，这就是日本文艺衰落的证明。

"《文艺春秋》……日本的民众(公子哥儿、公司职员、看护妇、女职员、女学生、大学生、小官吏、退伍兵、薪俸生活者、自由职业者，即日本民众的代表)是很爱好这只'垃圾桶'的。所以这一期里胡闹的文章特别增多。例如《新春风流座谈会》、《强硬日本与松冈意识》、《满洲杂记》等等。不外是麻醉人民和为虎作伥的文字，看了令我生气。……祝福为日本军阀张目的《文艺春秋》。

"《改造》杂志是日本集纳主义(Journalism)的代表，它的编制足供我国办杂志的人参考，当改造社没有出版别的书籍时，只办这一种杂志，用全部人力和财力经营，所以内容颇有可观。但在近年却渐渐退步了。左倾的文章不敢登载。……最近有长谷如是闲等人的文章，但常被检查员涂抹钩销。……令我不愉快的，是看见直木三十五的名字。……直木是泛系党作家(他本人当然不承认)，在去年的'一·二八之役'，他曾经来到上海，搜集资料，回去以后，就写了《日本的战栗》、《肉弹三勇士》(?)。听说他受了日本军阀的指使。

"《中央公论》是日本现存的老资格的杂志，今年是第四十八年了。新年号有'满洲国太上皇'驹井德三的《马占山会见记》，这篇文字的作用不过是表演一折'丑表功'。文中有一张'满洲国'略图，已经把热河列为'四省'之一——热河省了。驹井这家伙还著有一本书叫做《大满洲国建设录》，在此书的目录里面，还有一篇是《大支那建设记》。大约驹井建设'满洲国'以后，就要来'建设'整个的中国了。"

《介绍中国文学史》说："中国文学史的写作是一种伟业，写起来是颇繁重的。国内向无此类专著，论者以为可惜……郑振铎君的插图本《中国文学史》出,国内始有一部,'足以表现出中国文学整个真实的面目与进展的历史'的书。我以为郑氏的著作有几种特点:(一)文学史方法的正确……(二)文艺观念的正确……(三)在资料方面有新的发现……(四)注意本国文学所受外来文学的影响",此外还有"对于史料的辩证;珍籍善本搜罗至勤;插图的珍异;范围扩展到'文学革命的前夜'"等。谢六逸在本文中还说:"一般文学史的写作,必须有几个条件:(一)对于时代的背景能够明了;(二)认识文学的整个历史的进程;(三)代表一时代一流派一运动一倾向的作家、作者不能稍有忽略;(四)散失的资料必须搜求。其次,写中国文学史的人必应具备这几个条件:(一)懂得文学史的方法,能以欧西文学史的名著为借镜;(二)本国文化演进的理解;(三)各种作品必须浏览;(四)罗掘散佚的资料;(五)真实名著的估价。"

3月,所编《模范小说选》由上海黎明书店出版[①],选录了鲁迅、茅盾、叶绍钧、冰心、郁达夫五人的作品,并有附录如下:1.《文学和人的关系》(沈雁冰);2.《建设的文学革命论》(胡适);3.《论短篇小说》(胡适);4.《中国小说谈》(俞平伯);5.《论中国创作小说》(沈从文);6.《论现今小说家的文学》(夏丏尊);7.《论体裁描写和中国新文艺》(锦明);8.《论新现实主义》(陈夕水)。

---

① 黎明书局由复旦大学老师和校友在1930年年底创办的一个综合性书局,主要负责人是孙寒冰(1903—1940)和伍蠡甫,亦出版杂志。孙寒冰主编的《文摘》(月刊)在抗日战争前和抗日战争时期曾风行一时,影响极大,大力宣传抗日。孙寒冰被誉为是一个敢说真话的人,他于1940年日寇轰炸重庆时死难。伍蠡甫主编的《世界文学》(双月刊)亦有一定影响。

本书的凡例四条如下："一、本书的目的：1.供欣赏作品之用或作研究小说理论之参考；2.作学生的教本或课外读物。二、每篇作品的后面，附有'解说'，此为编者欣赏原作的所得；希望阅者从'解说'里面得到鉴赏其他作品的暗示。三、我们能够从各种观点去欣赏一篇作品，或是指摘它的缺点；教师如采用本书作为教本，我想不致因为我的'解说'就没有发挥的余地；其次，本书不是'文章病院'，缺点恕不指摘。四、每个作者的来历，都有简略的介绍；每篇作品后面，附有参考资料；必须注释或需要习题的地方，也附上注释或习题；正文后面有附录数篇，此为研究近代小说的重要论著，读者互相引证，自多兴趣。"谢六逸在《序》中说："翻看坊间出版的中国作家辞典一看，我国的作家快要凑足五百罗汉之数了。但我在这本书里只选了五个作家的作品，我早已硬起头皮，准备别的作家来打骂我，而且骂我的第一句话，我也猜着了。这句骂我的话不是别的，就是'你是近视眼啊'！其实我的眼睛何尝近视，我也曾用过千里镜，在沙漠地带，向各方面眺望了一下。国内的作家无论如何不只这五个，这是千真万确的事实。不过我所做的是'匠人'的工作，匠人选择材料时，必要顾到能不能上得自己的'墨线'。"

收入《模范小说选》中的鲁迅作品有 12 篇，为：《故乡》、《在酒楼上》、《风波》、《祝福》、《孔乙己》、《示众》、《鸭的喜剧》、《社戏》、《端午节》、《孤独者》、《伤逝》和《狂人日记》。谢六逸对各篇的"解说"如下。《故乡》："《故乡》为作者短篇中的代表作品，用闰土和杨二嫂等人物写出了衰残的农村的矛盾苦闷，借宏儿和水生衬托作者的乡愁。令人不能轻易看过的，就是闰土的描写。一面借他来绘出人生的变幻，一面又暗示农村的破灭。全篇的优胜,就在这一点上。"

《在酒楼上》上的解说是:"本篇的主人公吕纬甫是先曾抱着满腔的大志,想有一番作为的,然而环境——数千年传统的灰色人生——压迫他,使他成了失败者。吕纬甫于失败之后变成了一个'敷敷衍衍,随随便便'的悲观者,不愿拾起旧日的梦,以重增自己的悲哀,宁愿在寂寞中寂寞地走到他的终点——坟。他并且也不去撕破别人的美满的梦。所以他在奉了母亲之命改葬小兄弟的遗骸时,虽然圹穴内只剩下一堆木丝和小木片,本已可以不必再迁,但他'仍然铺好被褥,用棉花裹了些我小兄弟先前身体所在的地方的泥土,包起来,装在新棺材里,运到我父亲埋着的坟地上,在他坟旁埋掉了。……这样总算完了一件事,足够去骗骗我的母亲,使他安心些。"(见方璧著《鲁迅论》)"全篇结构很简单,不过是主客二人的对话。'对话'多了令阅者生厌,但是这一篇却不然,它处处抓住阅者的注意。从吕纬甫的口里把旧事重提,阅者的感情便跟着他的叙述进展,只觉得那些对话的可爱。"

对《风波》的解说是:"作者在这篇小说里,用纯客观的笔法,描写辛亥革命时的乡村社会和代表这种乡村社会的人物的心理。作者的短篇,常只描写一二人物,这篇却有五人之多。用了简练写实的手法,描绘各个人物的性格,非常灵活。"

对《祝福》的解说是:"张定璜论鲁迅,他说'鲁迅先生站在路旁边,看见我们男男女女在大街上来去,高的矮的,老的小的,肥的瘦的,笑的哭的,一大群在那里蠢动,从我们的眼睛、面貌、举动上,从我们的全身上,他看出我们的冥顽、卑劣、丑恶和饥饿。饥饿!在他面前经过的哪一个不是饿得慌的人么?……'这里所选的一篇《祝福》可以代表作者的'剥脱他人'、'沉默的旁观'。

文中的祥林嫂是一个农村里不幸的妇人，她的身世悲惨已极。使祥林嫂陷入悲惨命运的，就是鲁镇的传统的道德、习俗。作者'剥脱'祥林嫂和鲁镇的习俗，值得我们的注意。"

对《孔乙己》的解说是："这篇的主人公是孔乙己——一个'原来也读过书，但终于没有进学，又不会营生，丁是愈来愈穷'的'破落无产者'。在'老大的中国'，这样的'破落无产者'到处都是，不仅作者的鲁镇一处才有。阅者看了孔乙己的遭遇和性格，应该想到孔乙己的遥远的背后，还有许多东西在那里幌动——就如第 10 节里写到的丁举人一类的豪强。这里只写一个孔乙己，但却是无数孔乙己的典型。"

对《示众》的解说是："作者在一篇杂感文里说过，'我临末还要揭出一点黑暗，是我们中国（现在，不是超时代的）的民众，其实还不很管什么党，只要看'头'和'女尸'。只要有，无论谁的都有人看，拳匪之乱，清末谠狱，民二，去年和今年，在这短短的二十年中，我已目睹或耳闻了好几次了。'（《三闲集》页 116）其实老大的中国人民的残忍性，不知要留到什么时候。我们看每天的报纸，那上面就有'死尸展览图'，溺死的，杀头的，枪毙的，几乎和考古学者的研究资料一样的被人重视。至于'示众'更不用说了，何况是活人，正好当作嘲笑戏弄的材料。这篇文章字数不多，但作者立于纯客观的地位，描写了一群人物的动作，栩栩如生。在作者的著作里面，显示特殊的风格。"

对《鸭的喜剧》的解说是："作者又是一位写小品文的好手，此篇便是代表这一方面的著作。选在这里，表示作者的另外一种风格。文里没有蕴含什么艰深的意义，只在用短短的文字，写爱罗先珂和小鸭。但北京的风俗和一种怀念之情，却跳耀于纸面。"

对《社戏》的解说是："作者有一本随感集名叫《朝花夕拾》，在卷首的序文里有这样的话，'我有一时，曾经屡次忆起儿时在故乡所吃的疏果、菱角、罗汉豆、茭白、香瓜，凡这些，都是极其鲜美可口的，都有曾是使我思乡的蛊惑。后来，我在久别之后尝到了，也不过如此，惟独在记忆上，还有旧来的意味留存。他们也许要哄骗我一生，使我时时反顾。'这篇文章作者所描写的'社戏'，也该是使作者时时反顾的东西罢。作者先写北京戏，对于这种都市的戏剧（场面）表示反感。从北京戏再写到鲁镇附近的野外剧。阅者对于鲁镇都很熟悉了，闰土、九斤老太、七斤嫂、孔乙己，这些人物仿佛在我们的眼前。现在作者又展开了鲁镇附近赵庄的一帧绘卷（笛声悠扬，唱到深夜的野外剧）。然而人物还是鲁镇的几个小友——阿发、双喜。这样快乐天真的童年，能有几时，现在赵庄一带的农村恐也未必有从前那样的长闲了罢。所以作者说，'真的，一直到现在，我实在没有吃到那夜似的好豆，——也不再看到那夜似的好戏了'。"

对《端午节》的解说是："这篇文章代表中国的一个时期，即脑力劳动者知识分子的没落时期；同时又代表中国社会里的一个阶级，即脑力劳动者之一群。方玄绰就是这种时代、这种阶级的化身，作者写方玄绰就是暴露脑力劳动者的无能与无聊，活该没落。方玄绰是否作者本身，无关紧要。同时又反映中国教育的腐败与官僚政治的丑恶。"

对《孤独者》的解说是："这篇和《在酒楼上》的用意相近，也是描写知识分子的没落的。'孤独者'魏连殳在封建的乡村里被人看做'吃洋教'的'新党'，在 S 城里教书也被校长辞退。他卖掉了汲古阁初印的《史记索隐》之后，就是'抄写'也愿意做，因为

'我还得活几天'。后来虽是冻馁，却不愿意灭亡。结果做了杜师长的顾问，从前的报纸是攻击他的，现在则有关于他的诗文，演出什么《连殳顾问高斋雅集》等等韵事。但连殳终于吐血死了，变做腰边放一柄纸糊的指挥刀，'很不妥帖地躺在棺材里的魏大人'。这时虽有人在棺材旁哭泣，但哭泣的本意是'问他可有存款'；侄子硬要过继给他做儿子，为的是要继承他的寒石山的破屋。作者把魏连殳的性格环境，绵密地描绘出来，同时把中国的封建社会和世俗的势利在我们的眼前解剖，令阅者不免也要在'惨伤里夹杂着愤怒和悲哀'了。"

对《伤逝》的解说是："作者用恋爱作题材的作品只有这一篇。由这篇文章可以窥见作者的恋爱观。恋爱是人生的全部，抑是人生的一部分，这是一个值得注目的问题。在本篇的作者看来，恋爱是人生的一部分，恋爱是附丽于生活的，不能只因为爱，而将别的人生要义全盘疏忽了。作者在本篇里，用第一人称的直叙法，所以小题目是'涓生的手记'。结构单纯。至于描写方面仍取冷静客观的观点。"

对《狂人日记》的解说是："这篇文章是作者的代表作之一，对于'吃人的礼教'加以冷嘲。作者是学医的，所以描写'狂人心理'能够逼真。诚如作者在文前的小序里所说，文中'语颇杂乱无次又多荒唐之言'，解说起来是颇费力的。这虽是一篇日记体的文字，其实是一篇'吃人'的故事，作者从历史的事实，从医学的理论，从风俗的实情，说出'吃人礼教'的可怕。阐明'礼教'在中国，非使人患'迫害狂'不可。文内纯以心理描写为主，代表作者的另一风格。"

在这 12 篇解说之后，还附有鲁迅的《呐喊自序》和方璧（茅盾)的《鲁迅论》两篇作为参考资料。

鲁迅曾对谢六逸的这本《模范小说选》作诗如下:"名人选小说,入选云有线;虽有望远镜,无奈近视眼。"此诗鲁迅生前并未公开;鲁迅逝世后,许广平编《集外集拾遗》亦未收此诗。1946年,许寿裳在《文艺复兴》第1卷第6期上《鲁迅的游戏文章》一文中首先披露,当时谢六逸已经去世。建国以后,在极"左"思潮影响下,谢六逸为此蒙受多年不白之冤,受到批判。

蹇先艾在《一个对人民有贡献的人——纪念谢六逸同志诞辰九十周年》(1998年)中说:"我顺便在这里谈一件事情,就是1932年,六逸在上海编了一本《模范小说选》,选得相当严格,只选了鲁迅、茅盾、叶圣陶、冰心和郁达夫的作品。他的目的是用这几位大作家的小说给文艺青年们作模范。在选本的《序言》里,他不承认自己是'近视眼',而是'匠人选择材料,必要顾到自己的墨线'。鲁迅在《教授杂咏》中有一首诗嘲笑六逸。因为鲁迅编选集子,总是老、中、青作家的作品都要有,旨在大力鼓励培养青年作者,而不喜欢专选名家名作。他的那首讽刺诗,用了六逸《序言》中的原话,实际正如鲁迅在《什么是讽刺》这篇文章所说的:'讽刺作者虽然大抵为被讽刺者所憎恨,但他却常常是善意的,他的讽刺,在于希望他们改善,并非要捺这一群到水底里。

"有一位中学教师对我说:'文化大革命期间,我无意中在某处被红卫兵抄去的书堆里,发现了一本谢六逸的书——鲁迅编选的《新文学大系〈小说二集〉》,这本书是鲁迅先生送给谢先生的,书的扉页上还有鲁迅送给六逸的亲笔题字。'从这件事就更清楚地说明鲁迅对六逸并没有什么恶意,《杂咏》不过是表示彼此选作品的见解不同罢了。"(蹇文已作为本书的《序》,并收入陈江、陈庚初编《谢六逸文集》，商务印书馆 1995 年版）按：谢六逸逝世以后，其夫人把他所藏的书刊全部捐献给贵阳师范学院，在"文化大革命"中，这些书流散出来是可能的。

唐弢在给陈江的信中谈及：谢六逸"和茅盾很熟，但与鲁迅认识而不熟。鲁迅虽作《教授杂咏》嘲弄过他，但并无恶意"。（1990.1.11，见《唐弢文集》（第 10 卷，书信集），社会科学出版社 1995 年 3 月版第 415 页）

3 月 27 日，为郭步陶的著作《编辑与评论》作序，它显示了谢六逸的新闻观点，摘录如下："郭步陶先生编好《编辑与评论》，他把原稿送给我看，要我写一篇序。我想自家对于新闻学，不过如像一个'玩票'的人，虽然看了郭先生的大作，未必能够说出什么道理来。现在所能说的，只是我的'读后感'罢了。

"我国报纸的历史，比较日本要早若干年，可是新闻学的著作却没有几本，这是什么原故呢？最主要的原因，不外是新闻记者不肯把'新闻'当一种'学问'看，更谈不上破费一些时光来研究这一种学问了。在这种状况之下，要依靠记者先生们用自己经验学识写一两部著作出来，当然是很困难的。

"现在步陶先生的《编辑与评论》出版，国内始有一部讲述'编辑'与'评论'的专著，而且是著者十多年来的研究与经验的结晶，所以更加可贵。原书第一编里讲到编辑方法的地方，著者提出了'综合方法'的问题，与简单的繁琐的方法并论，著者的理论已经促进上海各报的改善，影响甚大。第二编第二章专究评论的作法，著者将作法分为五种，完全就自己的经验立说，非空泛的理论可比。总之，全书的一字一句都是著者服务报馆的体验，就是我国新闻记者用自己的经验学识写出来的第一部杰作。

"'编辑'工作占整个报馆工作的大部分；'评论'又是报纸的灵魂。凡是研究新闻学或服务报馆的人都非具备这些知识不可，郭先生的著作对于我国报界和新闻教育界真是一种极大的惠赐。"郭步陶此书中讲述编辑的准备，编辑工作的方法，评论在报纸中的地位，评论文的基础条件，评论的种类及变迁，评论记者应有的条件，以及评论的作法等问题。由上海商务印书馆于1933年9月出版。

　　4月2日，在《读书中学》（月刊）创刊号发表《希腊悲剧的发生——摘译〈古典剧大系·希腊剧〉篇》，署名谢六逸、范小石译。文章指出："希腊悲剧可称为世界一切悲剧的泉源。即如似乎与它无关的近代剧，试一究其本源，也仍是从希腊悲剧发达而来的"。谢六逸同时被该刊聘为特约撰稿人。

　　4月6日，郑振铎邀请鲁迅至上海会宾馆晚餐，决定出版大型文学刊物《文学》①，同席的有谢六逸、茅盾、陈望道、叶圣陶、郁达夫、洪深、夏丏尊、徐调孚、傅东华、胡愈之、周建人等十六人。

　　4月上旬，所编《模范小说读本》（上册）由上海光华书局②出

---

　　①　《文学》，大型文学月刊，1933年7月1日在上海创刊，生活书店出版，主编署郑振铎、傅东华，具体工作由黄源负责。《文学》表面上是商业性杂志，实际上是左翼作家驰骋的阵地。1937年11月出至第9卷第4期，因上海沦陷而停刊。

　　②　光华书局，由沈松泉、张静庐、卢芳三人筹资于1925年创办，1935年被国民党政府查封。沈松泉与张静庐在泰东图书局工作时与郭沫若相识，因而是一个与创造社关系很密切、主要出版新文学书刊的小书店，如郭沫若、潘汉年，左联会员徐懋庸、周扬等人的著作和编辑的刊物，鲁迅参加编辑的刊物《萌芽》和《巴尔底山》亦由光华书局出版。光华书局还出版了新闻学书籍和《报学杂志》（黄天鹏编）。

版,署名谢六逸编。(据《申报》1933年4月8日广告)

4月,校订的《人鱼姑娘》(希腊神话集),由上海神州国光社出版。此书的署名为"叶芝女士译,谢六逸校"。该书广告说:"我们打算对于少年朋友给一些良好的精神粮食。本书内容分:1. 自然界的变化;2. 生物界的神秘;3. 科学的作品;4. 文艺。选定的作品,绝没有单纯趣味性的东西,而在以趣味的文字,写出宝贵的知识。"

4月,校订的《大战后之世界文学》,由上海光华书局出版。此书[日]千叶龟雄著,徐翔穆译。

6月5日,在《青年界》第3卷第4期发表译作[日]农学博士横山桐郎的小品《萤》,署名谢六逸。

7月1日,在《文学》第1卷第1期发表译作《日本人的幽默》,包括《校长先生》、《金鱼的雌雄》等四段,选自日本报知新闻社编的《幽默百种》一书。署名宏徒。

同日,《文艺座谈》第1卷第1期的"文坛消息"介绍《作家自传丛书》如下:"又闻光华书局现出版现代中国作家自传,曾于去年分函各作家征稿,已交稿者有柳亚子、王独清、鲁迅……,谢六逸……等多人云。"笔者未见到这本"谢六逸自传"。①

8月,《文艺座谈》第1卷第3期出版,刊登了赵景深的《我的写作生活》,他在文中谈及:"柴霍夫短篇杰作集原本……共十二本,独缺一本《歌女》,凑巧六逸送我一本加耐特的译本,一看正是那本《歌女》,于是欣喜若狂,便安心开始我的工作。"

---

① 《文艺座谈》,半月刊,曾今可编,16开,每期16页,署上海文艺座谈社,由新时代书局出版。

9月1日,在《文学》第1卷第3期发表《坪内逍遥博士》,署名谢六逸,文末注"1933年8月病后作"。文章介绍了日本的文学泰斗和莎士比亚专家坪内逍遥,他是日本早稻田名誉教授,他在早稻田大学内附设的"演剧博物馆"中收藏着日本的演剧史料,与他尽半生精力翻译的《莎士比亚全集》四十卷。谢六逸在文后还有两条"附记",一条说:"介绍坪内博士,我久宿此志,最近知道东京将有庆祝日译《莎士比亚全集》的胜举,想来纪念论文,必有可观。乘此机会,写了这篇短文也当作庆祝的微意罢。"另一条"附记"则是坪内的一篇简略的年表,介绍了从他1859年出生到1933年的简历和著译。

9月2日,作散文《辛亥革命与'英雄结'》,发表于10月1日出版的《中学生》①杂志第38期上,署名谢六逸。文章涉及辛亥革命时贵州省的情况。

9月,主编的《模范文学读本丛书》由上海光华书局出版。这套丛书包括:1.《模范小说读本》,谢六逸编;2.《模范小品文读本》,林荫南编;3.《模范日记文读本》,谢美云编;4.《模范书信文读本》,林英编;5.《模范议论文读本》,陈梅编。广告说:"本读本为复旦大学中国文学系主任谢六逸先生所主编,取材于现代最著名之文学作品,加以系统分类,并附著者小传与编者批评等"。

9月,光华书局出版《读书经验谈》,收入谢六逸等人文章,

---

① 《中学生》,1930年由上海开明书店出版的综合性教育刊物,月刊,先后由夏丏尊、章锡琛、叶圣陶、丰子恺等主编,是在青年学生中影响颇大的刊物。1937年上海"八·一三事变"以后曾停刊,1939年5月在桂林复刊,改名《中学生战时半月刊》,后又改名《进步青年》。

系"光华小文库"的一种,署名谢六逸、余楠秋①等。

10月,管照微编、上海汉文正楷印书局出版的《新闻学论集》出版,本书共三辑,汇集了20篇新闻学论文,其中包括谢六逸的《新闻教育之重要及其设施》和《Journalism与文学》,及袁殊的《新闻学论》等文,书前有谢六逸的《序》一篇。此书系复旦大学新闻学会丛书之一。

1934年(民国二十三年)　　　　　　36岁

1月,郑振铎、章靳以编辑的《文学季刊》在北平创刊。

4月,林语堂创办的《人间世》半月刊在上海创刊。

5月,国民党政府在上海成立"图书杂志审查委员会"。

6月,国民党政府公布《图书杂志审查办法》;上海各报展开关于大众语问题的讨论。

8月,上海良友图书公司拟议出版《中国新文学大系》,由赵家璧主编。

10月,巴金、卞之琳主编的《水星》在北平创刊。

---

① 余楠秋是1931—1937年间的复旦大学外国文学系主任,1947年的《文讯》月刊第7卷第3期曾刊登他的《忆谢六逸》一文,他说:"我和六逸在复旦同事将近十年,办公同在一个房间里,吃饭同在一张桌子上……他在民国二十五年秋天,曾经生过一场大病……民国三十四年八月十日的黄昏时候,当许多复旦同学在重庆外交协会大楼欢迎我的时候,同学们把(六逸死了)这个噩耗传来,那真是使我不能置信……我在外交协会的餐厅里,当时就和同学们提起替他募捐的事来……六逸的为人忠诚坦白,毫无虚伪,对朋友和学生的请求,无不尽力帮忙,竭诚相助"。

春,重游杭州,谢六逸说:"西湖景色,我最爱九溪十八涧"。（据《良宽和尚》）

5月5日,在《人间世》①第3期发表译作[日]芥川龙之介著《清闲》,署名谢六逸。

5月8日,作随感录《良宽和尚》,刊于6月5日出版的《人间世》第5期,署名谢六逸。良宽(1758—1831)是日本的一个托钵和尚,日本人称他为"大愚良宽",是中国和尚寒山、拾得的崇拜者,曾有汉诗如下:"终日乞食罢,归来掩柴扉。炉烧带叶柴,静读寒山诗。西风吹夜雨,飒飒洒茅茨。时伸双脚卧,何思又何疑。"谢六逸是因游杭州九溪十八涧想到这个脱净俗气的良宽和尚的。

7月,所编《模范小说读本》,由上海光华书局出版,定价一元二角。（据《新语林》第2期广告,1934年7月）

8月,致中华书局舒新城信:"去岁五月,获读 大函,得悉拙稿业已付排,惟迄今已有年余,未见出版,深为怅之。弟甚愿该书早日发行,俾作学生参考之用,想 尊意亦以为然也。乞示复为荷。此颂 撰祺。弟谢六逸谨启。复示寄狄思威路兰心里一号"。按:此书可能指1935年由上海中华书局出版的《志贺直哉集》。

9月1日,在《文学》第3卷第3期发表译作[日]相马御风

---

① 《人间世》,半月刊,1934年4月5日创刊于上海,是林语堂在发刊《论语》以后,又创办的提倡幽默小品的刊物,辟有读书随笔、山水、人物等专栏,主要撰稿人有周作人、刘半农、郁达夫、陶亢德、简又文、徐圩、老舍、阿英等。谢六逸是《人间世》的特约撰稿人之一。

著《日本的随笔》,署名谢六逸。谢六逸在"译后记"中说:"介绍公安、竟陵派的小品文字,不能不说是有意味的工作,但在推动中国新文艺一点,始终以为力量微弱。因此我推荐饱受西洋文学洗礼的日本小品文字,这就是我译本文的动机。作者相马御风为日本现存著名散文作家,最近有《人间最后的姿态》、《人间》、《世间》、《自然》、《砂上闲话》等作行世。"

9月20日,在《太白》①创刊号上发表《略谈"中间读物"》,署名谢六逸。文章说:"今年上海一地的定期刊物异常兴盛,成为向来未有的状况。试翻检这些刊物的内容,既非软性,亦非硬性,只可名之曰'中间读物'。"中间读物,"它的言论是温暖的,堪以慰藉多数人。它的文章没有死板板的统计材料,多为生动活泼一类。它的编辑方法比较富于变化,而最受人人欢迎的,还得数到他的言论的态度。""中间读物一语所可包涵的文章式样甚多……受人诟病的有两种,就是'身边杂事'和'抒写心境',但我必须为之辩护。""中间读物在前几年只是硬性刊物的附庸,从今年起,已经能够独树一帜。就 Journalism 的立场看,这是当然的路径。我希望今后的中间读物能够将文章的形式和内容扩大。空谈宇宙不如写一篇关于气象或星座的妙文;诅咒苍蝇不如写鸟类或昆虫的生活(例如北原白秋写《麻雀的生活》,法布耳写昆虫之类),能够如此,中间读物必能成为社会中间层的滋养

---

① 《太白》,小品文半月刊,1934 年 9 月 20 日创刊于上海,陈望道主编,生活书店出版,第二年 9 月 5 日停刊,共出 24 期。《太白》提倡有不平、有讽刺、有攻击、如匕首、如投枪一样的小品文,是与林语堂主持的《论语》、《人间世》提倡闲适、性灵、幽默小品文截然对立的刊物。

料。我们需要中间读物,更其需要有艺术价值与营养价值的中间读物。"

9月,在《青年界》第6卷第2期发表《青年与新闻》,署名谢六逸。文章说:"青年时代,想要求知,就得受各种教育,'教育'的方法很多,大致可以分为'有形式的'和'无形式的'。有形式的教育是有系统的有计划的,例如学校教育、社会教育等特定的教育机关便是。无形式的教育,它的范围极其广泛,效用极其普遍。""现在我要告诉你们一个简便的方法,这个方法可以使你们得着大量的活鲜鲜的知识。就是希望你们多阅读'报纸'(新闻纸)和'杂志'。""不过,看报不能不有一种方法,办报更是一种专门的学问。现在为了指导诸君看看报,供给诸君自己办报(例如在学校里办报或出版刊物等)的常识起见,我们借重本刊的篇幅,将新闻学(包括理论实际两方面)的知识,作一个有系统的介绍。我们将在本刊发表的文章,有下列各篇:(一)怎样的新闻才有登载的价值?(二)学校新闻的采访、编辑与出版;(三)采访记者的工作;(四)新闻与电报编辑;(五)报纸评论的作法;(六)新闻生产的过程;(七)新闻记者与新闻事业;(八)怎样编辑画报;(九)新闻术语与校对符号;(十)中国新闻事业发展的前途;(十一)广告理论化。"

10月5日,《新语林》出版,刊登的"本刊撰稿者"中谢六逸列名,其他列名的有杜德机(鲁迅)、曹聚仁、许幸之、张天翼、黎烈文等。

本年,由复旦大学新闻学会发行的《新闻学期刊》出版,16开本,页数在160页以上。包括论著、报界名人演讲、译丛、批评与介绍等栏目的文章共41篇。首篇文章是谢六逸的《复旦新闻学系概况》,全文约 4500 字,详细介绍了课程设置、教学设备(如通讯社、印刷所等)及"已经拟定的计划"。文章开头说:"上海复旦大学新闻学系,成立于民国十八年。我国南方各大学之设有新闻学系者,当以复旦为嚆矢。复旦校址位于沪北江湾,接近市中心区,故环境极佳。将来江湾区域发达以后,市中心一带的居民,是很需要一种报纸的。复旦新闻学系的学生,就可以办一种报纸来供给他们。正如美国的米苏里大学的新闻学系办报供给米苏里地方的人阅读一样。"论著栏有郭步陶的《造就新闻人才和办理新闻事业有彻底合作的必要》等文。"报界名人演讲"有何名忠等人记录的潘公弼、严谔声、严独鹤等人的演讲。附录中介绍谢六逸为"主任兼新闻学概论"、"通讯练习"等课教授。刊物附有复旦大学校门、教室(子彬院)、新闻学系全体同学合影(摄于民廿三年秋)等图片。

本年,内山完造在《花甲录》中说:"三十年来内山书店结交了很多中国文化人","有鲁迅、郭沫若、田汉、夏丏尊、谢六逸、沈端先、郑心南……等人,都是我非常熟悉的。""他们大部分都是我的顾客,他们通过内山书店购买日本文学原本,把日本文化介绍给中国读者。"(据《出版史料》1985 年第 4 辑)

1935 年(民国二十四年)　　　　　　37 岁

6 月,上海发生《新生》周刊事件,主编杜重远被国民党政府判处有期徒刑一年零二个月。

7 月,国民党政府与日本侵略军签订《何梅协定》,毕北脱体;国民党立法院修正通过《出版法》。

9 月,林语堂主编的《宇宙风》半月刊(后改为旬刊)在上海创刊。

12 月,"一·二九运动"爆发;上海成立文化界救国会。

1 月 1 日,在《东方杂志》第 32 卷第 1 期"生活之一页"专栏上发表短文《教书与读书》说:"这八九年来,我的生活,就是所谓'教授',如果成了'做一行厌一行'的心理,这种中国特有的大学教授生活,是颇难持续到如许长久的。除了假日以外,我每天总得经过江湾路和翔殷路一带。对于这一条平坦的大路,我可以算是一个'通'。我亲眼看见道旁的稻田里,建起一座一座的洋楼。在田里吃草的小羊,穿红绿衣裤的乡间小孩,撷棉花的村妇,一天一天的,不知他们的去向。路旁的草,依然由绿变黄,由黄变枯,再由枯变成绿色。如是者八九年,我还是跑我的路。我不想改行做医生或者做律师,我有一股傻劲儿,就是想多看一点书。这点劲儿消散时,那就什么都完了。"

1 月 10 日,在《文化建设》①月刊第 1 卷第 4 期"民国二十四年的准备"栏内发表《民众之组织训练与指导》,署名谢六逸。文章说:"我们要做的事,并不是消极的逃避。但在事前不让老百姓们有一些关于这方面的常识,就不免增加许许多多无谓的牺牲,丧失国家、民族的元气。""为了应付第二次世界大战的危机,

---

① 《文化建设》,月刊,1934 年 10 月 10 日在上海创刊,斐仲恒、樊仲云主编,中国文化协会会刊,属国民党 C.C. 系,设有文化月旦、中国问题研究、思想与舆论、施政与运动、文化界、科学知识等栏目。1937 年 7 月停刊。

政府似宜着手指导民众，训练民众，组织民众。让老百姓知道一点防空的知识跟化学战争的知识，以及应付危难时应取的态度等，乃是必要的。"

同月，在《青年界》第7卷第1号"学校生活的一页"发表《背字典》，署名谢六逸。

2月1日，与萨空了等联名发表《上海新闻记者为争取言论自由宣言》。

同日，《世界文学》①第1卷第3期出版，发表《报章文学》，署名谢六逸。文章说：上海有些报章文学载文，着意描写"赤身裸体"，"如果报纸要完成对民众指导、组织、宣传的任务，我们非但不应轻视报章文学，更应努力提倡，加以改善。"

3月5日，《太白》第1卷第12号发表《推行手头字缘起》，主张把手头字用到书刊报纸的印刷上去，如把"於"写成"于"、"區"写成"区"、"燈"写成"灯"等，先选出三百个左右，作为第一期推行，发起的有蔡元培等人，谢六逸也是发起人之一。

3月7日，作《小品文之弊》，载《太白》第1卷纪念特辑《小品文和漫画》，署名谢六逸。文章谈了四点看法："一、现在流行的小品文，大多数只做到一个'小'字，其实并没有'品'。……用小品文'漫骂出气'就不能说是有'品'。因为作者已经蹂躏了小品文的优点。如果有人主张文章本来可以漫骂出气，那么我以为'小品'的名称简直可以废弃不用，不妨笼统称为散文或者称为短文。

---

① 《世界文学》，双月刊，1934年10月1日在上海创刊，复旦大学教授伍蠡甫主编，黎明书店出版，辟有论文、小说、诗、散文等栏目。

"二、取材于科学写成小品文的，有直接与间接的差别。……从科学书上面找些材料，写成文章，这是间接的。……不能够发生'亲切'的作用。目前的'科学小品'，属于间接的居多。其次，我主张把'科学小品'的名称改为'写生文'，'写生'二字，较之'科学'活泼。

"三、有人攻击小品文的'闲适笔调'，此点恕我不能附和。提起笔来写小品，就是'闲适'。没有'闲适'，便不能写小品。有几人能在'气得双足跳'之下，把'小品'写得出来。又有几人能在饔飧不继之下，不写长篇论文，换取稿费，反而写出轻松的小品。在写小品之先，即令忙迫，但既写小品，就是表示那时已经闲适，因此'闲适'并非小品之罪。

"写小品文的人，不能'称孤道寡，唯我独尊'。如以为自己的笔调便是天秤，可以衡量一切，别人的笔调不值一钱，严划防线，鸣鼓而攻，我想必非智者之所应为。"

3月15日，在《新小说》①第1卷第2期发表《静夜感想》，署名谢六逸。文章说："新年可以庆祝的意义在哪里？如由我等劳碌之辈来回答这个问题，也只有说'接连休息几天'而已。岁序更新，虽然值得快乐，但大多数人总是在愁闷中度过的。大抵新年之乐，老年人不及中年人，中年人不及孩童。我等中年人，如不能勉强将此刻现在的心境化为童年，盖难享受所谓新年的快

---

① 《新小说》，月刊，1935年2月15日创刊于上海，上海良友图书印刷公司出版，郑君平（郑伯奇）主编，以刊登小说创作为主，也刊登散文、随笔、评论等，作者有茅盾、叶绍钧、郁达夫、阿英、老舍、萧军等，1935年7月15日停刊，共出6期。

乐。"

4月1日，在《现代》①第6卷第3期上发表随笔《爆竹》，署名谢六逸。文章说："今天已是阴历二月初一，四周仍有爆竹的声音。有时正在专心做事，忽然劈拍一响，真有点令人不快。上海人旧腊二十日前后就放爆竹，在祭灶、送年、接年、元旦、接财神、元宵诸日特别放得多，闹成一片。其余的日子，便零零碎碎的放……总计上海人放爆竹的日期约有两个月光景。我觉得这许多爆竹放得有点莫名其妙。充其量，不过表示一种盲目的感情冲动。"

4月1日，在《文化建设》月刊第1卷第7期"读书经验谈"栏发表《所谓"晴耕雨读"》，署名谢六逸。文章说："读书的理想境界莫妙于古人的晴耕雨读，想像有一个美丽的庄园，距城市数十里，园内有田有圃，有竹有树。屋内且有卫生设备，加上银行有一大注定期存款。每天有妻子调制牛乳、咖啡、鸡蛋。逢天晴时提起锄头在土里挖两下，名之为'晴耕'，天雨则躺在沙发上，读古人的'笔记'，这名之为'雨读'。……像这样的读书，才可以说是有点飘飘然。但在我辈，那里希望得到此种境界，这是告老的官僚或隐士的读书情景。古人的'晴耕雨读'，不过骗骗我辈罢了。现在我辈读书，手里不如拿起红绿色铅笔，东涂西抹，目不转睛，正襟危坐。"谢六逸还"主张'行读'或'立读'，比如日本

---

① 《现代》，1932年5月1日创刊，是"一·二八"战事以后上海最先问世的大型文学刊物，上海现代书局出版，先由施蛰存主编。第3卷起由施蛰存、杜衡合编，第6卷第2期起由汪馥泉主编，出至第6卷第4期因现代书局歇业而停刊。汪馥泉接编以后，《现代》成为一个政治、经济、军事、文化和各种社会问题无所不谈的综合性刊物。

小伙计骑车'吹口琴'的艺术,小学生站在书摊旁'揩油'的翻阅,这才是真正读书的趣味,真正懂得'读书艺术'"。(袁义勤:《杜绍文与谢六逸》)

4月,为郑振铎主编的《世界文库》题词如下:"在文学的园林里,有不少奇花异卉,为我们从未见过的。有的我们只知道它的名字,如想移植在自己的园地里,真是不容易的事。这部《世界文库》包罗中外的杰作,编排得极有系统,选择也极精当。爱好文学的人,有了这一部分,便可满足鉴赏名作的欲望,不必他求了。"署名谢六逸。《世界文库》1935年5月起出版,每月一卷,谢六逸是该文库的编译委员会的委员之一。

6月30日,在《复旦学报》创刊号发表一篇历史论文《日本明治维新之研究》,署名谢六逸。文章分十节:一、《德川幕府》;二、《诸藩的贫乏》;三、《金融资本的发达》;四、《农民的困苦》;五、《陂里的"黑船"》;六、《王政复古》;七、《版籍奉还与废藩置县》;八、《三大改革》;九、《解决了的问题》;十、《立宪政治的确立》。

6月,在《青年界》(我在青年时代爱读的书特辑)发表《我在青年时代所爱读的书·〈饮冰室全集〉》,署名谢六逸。

7月1日,《文学》第5卷第1期发表《我们对于文化运动的意见》,是针对国民党政府为转移人民抗日视线、提倡读经复古而发的。文章的主旨是:"我们相信复古运动是不会有前途的。假如读经可以救国,那末'戊戌变法'、'辛亥革命'全是多事了";"我们以为民族的自救,除了向'维新'的路上走去,再没有别的办法了";"我们相信救国不必读经,读经和救国没有关系"。签名的有148人、14个单位,谢六逸签署列名。此文曾在《时事新报》、《青年界》、《读书与出版》、《芒种》等报刊先后发表。

7月,生活书店出版《文学百题》,是《文学》杂志创刊二周年的纪念特刊,谢六逸写的是《什么是报章文学》。文章说:"Journalism 一语的涵义是多方面的,'新闻事业'、'新闻学'、'杂志经营'、'报章文学'都是它的译名。……报章文学的形式是怎样的呢,我的解释是——以新闻现象做题材的散文。"文章最后说:"我们在今天,岂不是依然看见'大刀千柄,霍霍生光'的新闻记事么? 依然看见'大火中跳出模特儿'的新闻记事么? 讲到这里,我觉得纯正的报章文学,在我国是最需要的了。"

9月1日,杭州市新闻记者公会于"九一"记者节举行全国报纸展览会,事先向全国报业、全国新闻记者公会、新闻学会及全国各大学新闻学系广事搜求展品,谢六逸十分支持和给以帮助。展出期间,谢六逸特派学生盛澄世去联系,商请展览会结束以后,将展品全部借用,为10月份庆祝复旦大学三十周年校庆,举办世界报纸展览会。(钟韵玉、樊迪民:《记者节和全国报展》,载《新闻研究资料》第20辑,中国社会科学院1983年版)

9月2日,郁达夫《秋霖日记》:"晚上为谢六逸作短文一篇";又,接"谢六逸诸人来信"。这是谢六逸为他即将出任上海《立报》副刊《言林》的主编而向郁达夫约稿。

9月20日起,主编上海《立报》的副刊《言林》,直到1937年11月24日日本侵略军向上海租界当局施加压力而被迫停刊止。《立报》是老报人成舍我办的一份报纸,是一份能"立"着看完的小型四开报,"以小报的形式,而有大报的体格"。(包天笑:《钏影楼回忆录》)《立报》坚持"对外争取国家独立,驱除敌寇;对内督促政治民主,严惩贪污"的方针,销路超过20万,打破了我

104

国自有报纸以来的日销量纪录。《立报》由严谔声任总经理,张友鸾、萨空了先后任总编辑,辟有《言林》、《花果山》、《小茶馆》三个副刊。

谢六逸编辑的《言林》得到众口一致的好评,现摘录若干内容如下:

曹聚仁说:"我要写的另一个胖子,便是谢六逸兄;复旦大学新闻系主任,一直同事了七八年。当他主编上海《立报》副刊《言林》时,我是经常写稿的人。(《立报》在望平街异军突起时,萨空了兄原是新闻界奇才,他主编了《小茶馆》,张恨水兄主编了《花果山》,和谢兄的《言林》,成为黎编《自由谈》以后的新文艺园地。)抗战前夕,《立报》光芒万丈,销数之高,在《申报》、《新闻报》之上,是一份不刊广告的报纸,也是一份最干净的报纸。""五四运动"以后,副刊编辑名手邵力子、孙伏园两先生而外,黎烈文、谢六逸两兄也为世人所推重,他们都是善于做拼盘的好厨子,富于战斗性。"他主编的《言林》,比黎编《自由谈》缺少一些战斗性,却更清莹可喜呢!""抗战军兴,在淞沪战场,我成为《立报》(日报)、《大晚报》(晚报)的战地记者,有时也和谢兄在电话中谈些家常。"(《我与我的世界》)

萨空了说:"这一时期(江按,指 1937 年卢沟桥事变以后),《言林》办得很有生气。《言林》的主编谢六逸,当时是上海复旦大学的教授。从那一阶段所发表的稿件来看,他确是邀请了各方面的人士来撰写文章,特别是进步文化人,比如,它曾刊登过陈毅的《空军,全中国的眼睛都望着你》,何香凝的《廖先生殉国二十周年感言》,柳亚子、景宋纪念廖仲恺的诗文,王任叔的《嫁娲与阴谋》,胡绳的《新启蒙运动不曾死亡》,孙冶方的《与学武先生讨论农民群众运动问题》，包天笑的《老毛子》，施复亮的《九·一八的教训》，茅盾的《战时读报随感》，蒋天佐的《敬礼》，唐弢的《我也为伤兵请命》，黄嘉音的《决不屈服》，顾仲彝的《苟安与持久》，若木的《从献望远镜说起》，陈伯吹的《从战争中长大起来》，等等。从这里举出的作者姓名和文章篇名，就可以看出他是花了一番心血办《言林》的。正如他自己曾说过的，要让《言林》永远年轻，永远前进，决不畏惧任何势力的残害。他坚持在这块小小的园地中，勤耕耘，精播种，使它开出绚丽的花朵。《言林》在当时的确是前进的，表达了时代的呼声，正如一位名叫公衣的读者在一篇题为《〈言林〉的两个时期》中所说的，'它却以微弱的力量，在大时代的波涛里尽着推动的任务，至今不懈。或者确切地说，至今愈趋积极。什么缘故呢？这是因为《言林》推动着时代，而时代也陶冶着《言林》，使它茁壮，使它面对现实，以笔墨的力量，来努力于民族解放任务。我深爱着后期的《言林》'"。（《我与〈立报〉》）

徐调孚说："我们回想他创刊《言林》时，大家担心着怎样能在这么狭小的篇幅里编辑一个日报副刊。然而事实告诉大家，这副刊在当时几乎是最精彩的一份。一个人的才能常常不是一般人所能够推想得出的。"（《忆〈言林〉创刊人谢六逸先生》）

王任叔是《言林》的长期作者，他后来回忆说："在抗战爆发前一年，我无以自活，《立报·言林》的编者谢六逸同我相约，每月写短评二十五则，致送酬金30元，但不必署名，由编者自填，因恐引起猎狗之嘈嘈而不利于我。"（《关于"巴人"》）按：1936—1937年，王任叔在《言林》的笔名共49个之多，如苏西坡、易女士、丁史、公西华、鸵鸟等，是王任叔文学生涯中使用笔名最多的时期。

唐弢也是《言林》的主要作者之一,他在九十年代回忆说:"谢宏徒也算是我的老朋友了,不过并不太熟。正如来信所说,他编《立报》副刊《言林》,我用真名或化名,同王任叔一起,为他写过不少短文,他给我的信不少(大约将近百封),不过都是约稿组稿的,三言两语,'文革'中,连同其他文艺界朋友给我的信,付之一炬,现在连一封也不存留了。"(《唐弢致陈江信》,《唐弢文集》(第10卷书信集),北京社会科学文献出版社1995年版)

姚天羽说:"那时《言林》这块园地,在故主编谢六逸先生的苦心经营之下,真可说'名作如林',所有新旧作家,网罗无遗;记得那时六逸先生为了充实《言林》内容,对于作家,不惜时常自己破钞请客吃饭,而且连原稿纸也由六逸先生买了送去。不但此也,六逸先生对于'割爱'的稿件,不至于把纸篓作为'集中营',将所有这类稿件都收进去。假使你没有附邮票的话,他也会自己贴邮票给你寄还。在寄还的稿件上,必写明不能不割爱的苦衷。""他在一篇寄还的讲希特勒暴政的稿件上,就有这样的一行字:'德国大使馆通知有案,恕难发表。'"(《言林忆旧》)

程仲文说:"去年(江按,指1944年)9月间谢先生在《中央日报》(江按,指贵州版)《前路》副刊上,发表《垦荒》一文,自述与成舍我合作主编《言林》经过,他说《言林》副刊的命名,是将辞典信手翻阅得来,他回忆投稿《言林》的许多青年作者,还满意于《言林》文体的脱俗,日久能独成一格,时人称为'言林体'。谢先生自谓幼年时曾与儿童辈嬉戏,因勇毅好胜,由城墙垛纵身跃下。他说主编《言林》的经过,也等于跳城墙一般的冒险尝试,幸而有成,又好比一件'垦荒'工作。"(《忆谢六逸先生——记〈言

林〉垦荒者之死》)

谢六逸把复旦新闻学系毕业的两位学生介绍进入《立报》工作。舒宗侨回忆说:"他负责主编面向青年知识分子的《言林》,我任记者。师生相对而坐,每天都有机会见面。傍晚,他必到九江路报馆来看大样,发第二天的稿子,风雨无阻。"(《谢六逸和〈立报·言林〉》)风子回忆说:"复旦毕业时,他(江按:指谢六逸)就介绍我到《立报》做记者。当时新闻系毕业的一位姓熊的同学,急望到《立报》去,而正好赵景深先生介绍我到女子书店编辑《女子月刊》,从此走上了编辑工作的岗位。"(《我的几位师长》)

谢六逸为《言林》写的《开场白》不到二百字,全文如下:"本报的标语有一句话是'五分钟能知天下事',我的开场白只能花费阅者五秒钟。小型报跟短文章,现在很流行,这是因为大众需要它的原故。现代人过着劳苦挣扎的生活,只能看看小型报跟短文章。报纸面积小,小中可以见大,文章不怕短,短中可以见长。篇幅虽然紧缩,品质却已提高,这是我们的希望。这块草地,从今天起开放,凡对人生社会,百般问题,喜欢开口的人,都请到这里来谈天。"

9月21日,在《言林》上发表《蝾螺》,谈日本江之岛的这一特产,文末说:"由此想到'多应识草木鸟兽之名'这句话,对于写文章也许是有用的。法国写实主义作家弗劳贝尔描写植物时,曾写信去请教植物学者;写到鹦鹉时又将剥制的标本放在桌上,细心周到,所以有那样的成就。"

9月24日,徐蔚南在《言林》上发表《宏徒颂》,他说:"宏徒是讲小品趣味的,但绝不愿介绍阿毛阿狗的博士言论,也绝不鼓励你自命风流隐逸。……宏徒是幽默的,但不愿显《笑林广记》

式的本领，至多像蜜蜂，甜津津刺你一针。他曾说：'我在洁而精菜馆里吃饭，连小品文的定义都吃出来了'，这样的幽默您不愿接受？宏徒是辛辣的，这是他家乡的地方色彩。……有点小毛病的朋友不要误会，放心可也……他的心胸正是和他的身体一样，宽大而活泼。宏徒是集纳主义的专家，但绝不做'一对野鸳鸯对簿公堂'的刻板文章，他写的是生动的报告，动人的叙述。宏徒又是早稻田大学出身，早稻田风的修辞趣味，早稻田风的古典文学趣味，他都传染了。小品趣味的、幽默的、辛辣的、集纳主义的、早稻田风的，来编一个文学附刊，还怕打不破文艺刊物的沉闷吗!"此文之后，谢六逸"谨按"说："老友蔚南性喜幽默，文中所言，夸奖过分，阅者不可轻信。"

9月25日，在《言林》发表《社中偶记》，署名宏徒。文章说："在筹备(《言林》)期间，曾发出七十多封信征求稿件，可是有许多作家，或因不明白他的通信处，或因不知道他的真姓名，因此都不及发信。……现在本刊地位有限，即使是小品文字，稍微长一点，就登不下。所以'小小品'最为欢迎。例如短言、游记、日记、小诗、隽语等。形式不妨新奇，内容切勿空泛。"

10月1日，在《宇宙风》第2期发表散文《家》，署名谢六逸。文章说："远道的友人来信说，不久要把家搬到上海，我赶快去信劝阻"，因为上海并非乐土，没有什么文化可言，喧嚣等等。

10月4日，在《言林》上发表《文墨余谈》，署名宏。文章说："文学是不是一种职业，这个问题不必管。研究文学，不可存取得职业的心。"

同日，陈子展在《言林》上发表《论言林体》。他说从《新青年》以来，国内的小品文有"新青年体"、"语丝体"、"自由谈体"、

"太白体"、"论语体"、"人间世体"等。"如今《立报》出世,《言林》这一副刊所能容纳的小品文,只是小品中之小品,或者略称'小小品'。固然它也须要具备一切小品文必需的条件,它也可以写成倾向或风格不同的各种体式。然而因为它自身的特别短小,更须要精悍一点,那是不待说的。它将以最新的姿态出人头地,建立'小小品',自成一种'言林体',我看是可能的罢。"

10月5日,在《言林》上发表《文墨余谈》,署名宏。文章说:"我们都是灾民,精神上的饥荒已久,新的旧的都要看,但含有毒汁的不可看。"

10月6日,在《言林》发表《文墨余谈》,仍然阐明《言林》的约稿要求:"附刊并非专为介绍某国文学而设的。文笔轻松,言之有物,第一要义。"署名宏。

10月7日,在《言林》发表《文墨余谈》,指出"比赛输了打架,是我们的武士精神,全运会快开了,这种精神要不要表现呢?"署名宏。

10月8日,在《言林》发表《文墨余谈》,说"本刊是供给多数人看的,故文章以浅显为主,如果文坛好汉,约吃'讲茶',恕不应命。"署名宏。

10月9日,在《言林》发表《文墨余谈》,提出"不捧名花,不谈色情,为记者应有的新闻道德。"署名宏。

10月7日至13日,复旦大学举行建校三十周年校庆,谢六逸与新闻学系四年级学生舒宗侨、唐克明、夏仁麟、盛澄世等筹办了一次规模巨大的"世界报纸展览会"。展览会展出七天,参观者达一万多人次,盛况空前。主要展品是33个国家的二千多种报刊,其中中国报刊1500种左右,罕见的有《京报》、香港《循环日报》、上海《申报》创刊号,及《点石斋画报》等。外国报纸500多种,有英、美、德、日等国的,罕见的有美国《太阳报》(*The Sun*)创刊号等,不少是从外国直接征集来的。对一些献身于新闻事业的人物,如邵飘萍、史量才等作了专门介绍,写有传略,配以照片。展览会还设有机器展览部,陈列多种新型的铸字、排字、印刷机器,并且当场进行操作表演。

社会上对报展反映极佳,胡道静说:"报展分四部分:1.新闻教育展览馆,陈列品为统计表格、通讯稿、照片等,而本国的有历史价值的珍贵的报纸亦列在此室内;2.本国报纸部;3.外国报纸部;4.印刷、电讯机器展览部。""统计图表甚多,皆复旦大学新闻学系同学所制,甚精美;其中民国二十四年四月三十日上海各报软硬性新闻比较表一幅,尤为观众所称誉。"(《上海世界报纸展览会参观报告》)这次报展轰动一时,被称为"中国新闻史上的创举";《申报》发表社论,赞扬其"意义重大"。

又,庆祝复旦校庆三十周年这天,谢六逸参加教师足球队,"穿了长衫,当守门员,胖胖的个子,奔东跑西,十分积极,给人留下了难忘的印象"。(章玉梅:《复旦新闻系第一任系主任——谢六逸》)

10月16日,林语堂致信谢六逸,以《要看"申报"》为题发表于《言林》,全文如下:"六逸兄:中国国中像煞有啥幽灵,黑旋风,阴医,崇气,来也无影,我也不知其为何物。只是与此团阴气相撞,必不吉利。原来大报社论可读,阴气一来,社论也不可读了。后来大报新闻可读,又撞上这团崇气,大报也无精打采,不值一读了。于是小报应运而生,初颇为精彩,后来不知怎的,撞了什么邪,着了什么魔,也渐渐没有东西可读了,虽然其中也有愈办愈生色的。我看像以前活泼的《自由谈》，也慢慢弄的可读可不读了。你想这可怕不可怕么？到了现在，小型报纸又应运而生，将报纸趣味化，将大报小品化，将小报严肃化，适可而止。不大不小，我都赞成。我早说今日中国应出一个好好的'中报'。可是《立报》出来仍未满足我的期望。仍脱离不了小报的轨型，并不是我理想中的'中报'。'中报'新闻要精也要富，小品要略放长，至少有大报副刊篇幅。所以至少非加倍篇幅不可。你们为什么不把它扩充？今日读物少矣，《生活》死，《新生》不幸又死。有心人莫不哭之恸。你看马路上文字刊物除了三四种以外，都只剩画报而已。此恨绵绵谁去补呢？所以我在期望多种比较像样的文字刊物出来。祝你努力。"

10 月 25 日，在《言林》发表《忆戈公振氏》，文章说："公振的死是我国新闻事业与新闻教育的一个重大损失。他的为人极富热诚，办事不辞艰辛。……我约他到学校讲演，他对学生说的话有这么几句：'理想的政治记者，应该研究的是历史、地理、法律、国民经济、统计学和外国语。理想的商业记者，应该研究的，是国民经济及统计学、地理、法律和英语。理想的省报或地方报的记者，应该研究的是历史、地理、国际公法、国民经济、统计学和特殊的法律。理想的文艺记者，应该研究的，是哲学、历史和本国文学等。'我以为这是新闻记者的座右铭。"署名六逸。

10 月 29 日，在《言林》上发表《文墨余谈》，文章说："因为戈公振的逝世，我想起了最近日本死了的千叶龟雄。千叶氏也是有名的集纳主义者，有许多有价值的遗作。例如《近代思想与集纳主义》、《现代日本新闻之趋势》……他对于现代文学也很有研究，曾努力介绍弱小民族的文艺思潮，如《现代世界文学概观》

（有中译本）、《现代波兰文学》……他曾任东京《日日新闻》学艺部长与编辑顾问。生于1878年"。署名六逸。

10月31日，在《言林》上发表《文墨余谈》，文章说："目前坊间出版的书籍，对于装潢不甚讲究，我认为这是不应该的。……英美书的装潢大都是整齐划一的，硬面金脊，殊少变化。德法文的书籍，常用轻便装，或用玻璃纸包裹。日本书的装潢最讲究，每一册书，必出于美术家的意匠。又善利用土产的粗纸或粗布，作成封面。我所有的谷崎润一郎的《盲目物语》，就是用本国栖村乡人手制的纸装潢的。……或者有人要说，目前连读书也成问题，何暇计较装潢。其实不然，现在坊间的书籍即使卖半价，书贾还要赚进四五成。照目前各种书籍的定价说，我们买书的人当然有权要求装潢的优美。"署名谢六逸。

11月5日，在《言林》发表《社中偶记》，署名六逸。此文分两部分。第一部分摘要披露了郭沫若、茅盾对谢六逸约稿的回信。郭沫若的回信说："目前因为翻译一部大东西，弄得颇有点筋疲力尽。短文章实在比长文章难做，因为短而好，实是文章的结晶体，以后 有得一定奉上。"茅盾的回信说："《立报》出版后已阅读，这是小型的报纸，生面别开，甚有意义，委嘱作稿，俟有题时当即写奉，盖小品文最难得题也，想荷亮察。"第二部分介绍新逝世的美国新闻学家布勒尔（W. G. Bleyer）；文章说："布勒尔曾任威斯康辛大学新闻学系主任，主要著作有《新闻写作与编辑》、《新闻文的形式》、《特写文怎样写作》等几种。据士纯先生说，《新闻写作与编辑》一书，燕大曾采用作为课本，我一向也指定此书给复旦的学生作为课外主要参考书。出版的年代虽悠久，可是后来出版的书，还没有怎样出色的。他的《特写文怎样写作》

成于 1919 年 8 月，积十二年教学经验，写成这本空前的著作。内容分做两部分，上篇讲理论，下篇举名著为例，是理论实际双方都兼顾的教本。"

11 月 8 日，在《言林》上摘刊法国作家 A. 法朗士和 A. 巴比塞及俄国作家托尔斯泰与布哈林的语录各一则，题名《作家语录》，署名毅纯。法郎士的语录是："人类的最高价值，在于人类本身，如使地球有价值，应先使人类有价值"。

11 月 9 日，在《言林》上发表《托尔斯泰逝世二十五周年》，说托尔斯泰的"作品是广义的人生教科书，指示了人生的理想"。署名六逸。

11 月 11 日，在《言林》上刊登"征求稿件"告白如下："本栏公开，欢迎投稿。如描写动植物的小品，尖锐的短评，国内外作品的批评介绍，大学生生活实录，作家书斋访问，幽默小品，掌故小说，均属需要。文字以短中见长，小中见大为采择标准。每篇在六七百字左右，稿费依质不依量，乞投稿诸君注意。

11 月 22 日，在《言林》上刊登"征求稿件"告白如下："本栏征求有时间性的文字，例如时事的观感，最近各地社会的动态等。请投稿诸君暂'改变作风'，多寄此种稿件。"

11 月 26 日，在《言林》上发表《寓言》，说法国作家赖（《红萝卜须》的作者）的一篇随笔中，有一段谈到猫说："我的猫不吃老鼠，好像无意于吃这种东西。即使捉到老鼠，只把它当作玩具。玩够之后，就释放了。又走到别处，卷起尾巴坐下，装出无罪无过的一副面孔，耽于空想。可是，老鼠受了爪伤，终于死了。"谢六逸提问说："如将老鼠比拟人，真是不伦不类，而且也不应该，然而有什么更切贴的比拟没有呢。"署名谢六逸。

11 月 27 日,为将由复旦大学新闻学会出版的《报展》一书作《发刊辞》,署名谢六逸。全文如下:"民国二十四年十月,欣逢本校三十周年纪念。新闻学系师生,在李登辉校长指导之下,曾经开了一次'世界报纸展览会'。由于校外各界人士的帮助;各位教授的指导以及负责同学的努力,经过相当时间的筹备,终能如愿完成,也算是一件强差人意的事。

　　"我们筹办'世界报纸展览会'的目的,大致如下:

　　"一、这几年来,我国报业顺应时代要求,确有进步的趋势。但世界各国报业,也有高速度的发展。我们如不愿闭门造车,我们的眼光便应'向外看'一下。就是取人之长,补我之短。故将收集所得,公开展览,聊供我国经营报业者的参考。

　　"二、我国报纸,创始甚早。初期报纸,虽然简陋,但富有历史价值。其中还有报业前辈的言论风采,也是我们朝夕景仰的。借此机会把种种报纸的'幼年'、'少年'、'壮年'时代陈列起来,可以鼓励我们的事业,或者唤起我们研究的精神。

　　"三、我国侨胞在海外创办的报纸,为数真多,平时阅览的机会甚少;还有边疆各省,各都市城镇的地方报,也不容易看见。现在收集陈列,便能比较观摩。

　　"四、一般民众对于报纸制作的经过,或印刷机器的进化与应用,在平时不易得到参观的机会。在此次展览会中,报纸方面不必说,在印刷机器方面,也尽力设法,请中外各厂家运来陈列,并且当场开动,使一般到会参观的人,都知道各种印刷机器的形式与效用。

　　"五、新闻教育与报业应谋合作。合作的初步,就是主持新闻教育的人与研究新闻学的学生,诚心为报业服务,而报业经营者对于研究新闻学的机关,也应尽量辅助,此次的'世界报纸展览会',即为看为一种双方合作的表示,也未始不可。

"因为上述的原因,所以我们创办'世界报纸展览会'。

"我们为使'世界报纸展览会'筹备的经过,收集的成绩,开会的情况等等,能够留下一个永久的纪念,因此又出版了这一册特刊。

"承我国报业先进,我国新闻学家,新闻界同志,本系毕业同学,惠寄宏文,本刊增光不少,同人敬表谢意!"

12月11日,在《言林》发表《译名讨论》,署名中牛。文章说:War Minister 是我国"军政部长"的译名,"英文专家说,Peace Minister 才对,如能把'军政部长'应该译为 Peace Minister的理由说清楚,某君备有奖品奉送。"按:这时北平爆发"一二·九"学生运动,反对汉奸殷汝耕成立的傀儡政权,而国民党军政部长何应钦奉命到北平坚决执行不抵抗政策,成为"和平部长"。

12月14日,在《言林》发表朱自清12月6日寄自北平致"记者先生"信,题名《北京消息》,信中说:"北平秋天本来最有意思,今年却乌烟瘴气。……知识分子最为苦闷,他们眼看这座中国文化重镇,就要沉沦下去。"

12月18日,在《言林》发表《爱国无罪》,署名中牛。文章说:"《儒林外史》第廿五回有形容读书人的两句话:'拿不得轻,负不得重',那么,请问学生要表示一点爱国热诚,除了游行示威以外,还有什么办法呢?"

12月23日,《鲁迅日记》记载:"下午得谢六逸信",此系向鲁迅为《言林》约稿。

12 月 24 日，鲁迅复信："惠书诵悉，看近来直说的报章，天窗满纸，华北虽然脱体，华南却仍旧钳口可知，与其吞吞吐吐，以冀发表而仍不达意，还不如不说之痛快也。"

12 月 25 日，在《言林》上署名"记者"发表《译名讨论》，文章说："中牛先生十一日在本栏发表《译名讨论》一文"，读者"纷纷发表意见"，现在只能"选择刊载"一文。此文为梁秋作，文章说："阴霾满布的华北，只要他老人家一到，就雨过天晴，所以军政部长，应译为'Peace Minister'"。

12 月 27 日，《鲁迅日记》记载："下午得谢六逸信"，系续向鲁迅约稿。

12 月 31 日，在《言林》发表《社中偶记》，谈《言林》最初"只想多登几篇'平淡'的文章，给大家看看，后来时代的波涛，越来越汹涌，不提笔则已，一提笔就不免要触及'现实'，虽欲保持平淡，已不可能，终于走向'辛辣'方面"。又说："从元旦起……除纯文艺外，特约社会科学、自然科学专家，用散文的笔调，为我们解说许多新知。"署名六逸。

本年，参加开明书店成立十周年纪念会，并摄影。（陈梦熊：《群贤毕集，风采可睹》，载《我与开明》）

本年，所编《世界文学》由上海世界书局出版，署名谢六逸。此书介绍英、法、德、俄的古典主义、浪漫主义、现实主义、自然主义和新兴文学等方面。

本年，所译《志贺直哉集》由上海中华书局出版。

本年，所编《实用新闻学》（《申报》函授学校讲义之三）由上海申报馆出版。此书共分 20 章，包括：报纸的作用，新闻的性质、意义、职能及进化，新闻记者，新闻的要素，新闻记事的分析与构成,标题、撮要和正文的写作,混合编辑,硬性和软性新闻的编辑方针,副刊和地方版的编辑,评论,采访,新闻发行等。

本年,移居沪西,"往岁住在闸北,树林几乎没有。去岁移居沪西,近来有几天清晨,居然听到了布谷鸟的呼雨声了。"(《夏夜漫笔》(三))

本年(暂系),得鲁迅赠他编选的《中国新文学大系〈小说二集〉》(据蹇先艾《一个不应该忘记的人》,1980)

1936 年(民国二十五年)　　　　　　　38 岁

1 月,北平文化界救国会正式成立,并发表宣言。

2 月,中国左翼作家联盟宣布解散。

5 月,全国各界救国联合会在沪成立。

10 月,上海文艺界发表《为团结御侮与言论自由宣言》;鲁迅逝世。

11 月,国民党当局逮捕沈钧儒、邹韬奋等七名救国会领导人。

1 月 1 日,在《宇宙风》第 8 期发表《二十四年我爱读的书:〈世界文库〉第十种》,署名谢六逸。

1 月 4 日,鲁迅复谢六逸信:"赐函收到,《立报》见过,以为很好,但自己因为先前在日报上投稿,弄出许多无聊事,所以从去年起就不再弄笔了,乞谅为幸。"

1 月 7 日,在《言林》发表《盘肠大战》,就周文因《文学》杂志的编者对他的小说《山坡上》删去一段而提出抗议发表看法。说肠子流了出来还能跟人打架，"这是一个关于作品的技巧问题，很可以引起大家的讨论的。"署名中牛。

1月12日前，向叶青约稿："写一篇关于丁文江思想的文字"（江按：丁文江，地质学家，当时任国民政府中央研究院总干事，于1月5日去世；6日，全国各报均刊载消息）叶青于12日在《言林》发表《关于丁文江》，接着于1月13日至16日，连续在《言林》上发表《丁文江的政治思想》（一）、（二）、（三）、（四）。

1月14、15日，在《言林》发表知堂的《关于纸》（上）、（下）。周作人在文章的开头说："答应谢先生给《言林》写文章，却老没有写。谢先生来信催了两回，可是不但没有生气，还好意提出二个题目来，叫我采纳，其一是我爱读谷畸润一郎的《摄阳随笔》，其中有《文房具漫谈》一篇，'因此想到高斋的文房之类，请即写点出来告诉南方的读者如何？'"

1月25日，在《言林》发表《有不为斋夜谈记》，署名中牛。文章说："吃得'四大皆空'后，斋主林语堂邀我进他的'有不为斋'里去谈天，他出示近来的爱读书，是一部长篇小说，书名叫做《欧罗巴》"，这时来了一位"大华烈士"，先谈"一品夫人写《京话》，立法老爷办《逸经》一类的话题"，后又谈抗日问题。文章最后说："这一晚的谈话，幽默处幽默，激昂时激昂，此是'有不为斋'中主客令人可爱处。"（江按：大华烈士系史学家简又文的笔名）

1月27日，在《言林》发表《谈本位文化》，署名中牛。文章说："去年有一般人高谈'本位文化'，以为读经可以救国。到了今年，倡'本位文化'救国说的人都改营别项生意去了。'经'仍然是'经',国仍然不能得救。"①

1月30日,在《言林》发表《谈敲锣鼓》,署名中牛。文章说:"中国人的感情,受了几千年的压制,弄得麻木不仁,该笑的时候不敢笑,该哭的时候不敢哭。大家的脸上,常现出一种哭笑皆非的表情。我们要让热烈的情感随时泄露出来,在可笑或者可哭的时候,我们一点也不要放松。过旧历新年,敲锣鼓、玩掼炮,都是有意义的游戏,我们不能轻视它。"

1月,以复旦大学新闻学会名义出版的《报展》纪念号专刊发刊,谢六逸除写了《发刊辞》外,还发表了《日本的新闻事业》。报展中还刊登了谢六逸写的《复旦新闻学系介绍》(未署名)。

2月5日,在《言林》上发表《墨晶眼镜》,署名中牛。文章说:"去年北方成立什么委员会时,有一张照相登在画报上面。友人某君看了那照相,便指着说,'你瞧,这上面没有一个像人形的。'我仔细一看,果然不错,而且有几个戴上墨晶眼镜。""这种眼镜的用处甚多,历来我国办政治、外交的'大员',最喜欢戴用","那就是表示装瞎的意思"。

2月7日,在《言林》上发表杂感《开学之后》,署名中牛。文章说:上海各大学,元宵节以后都开学,凑足半年学膳费来上学。有二种学生,一种为爱国,凭学生做救国工作;一种为文凭。该文最后说:"在我们的国度里,救国必须照章缴费,求职业也必须

---

① 1935年1月10日,王新命、何炳松、陶希圣等十教授写了《"中国本位文化建设"宣言》(简称《十教授宣言》),发表于国民党 C.C. 系主办的《文化建设》月刊第1卷第4期,此文是在 C.C. 头目指使下出笼的,意在转移全国文化界的抗日救亡视线。

兑换文凭。"

2月8日,《言林》开天窗,被删去一文,篇名不详。

2月10日,在《言林》发表《"非常时"的文艺家》,署名中牛。文章说:"现在咱们中国正是天灾、人祸、外侮、内讧、失地、丧权……的'非常时',当这'非常时'的文艺作家(只要他承认还是中国国民的一分子),无疑地都应该抓紧当前的时代背景,来创造有意义有价值的作品。换句话说,就是应该适应这危难的'非常时',积极从事救亡的宣传作品——创造富于反抗性的有力的适合大众的文学作品,传给咱们的同胞。"

同日,《言林》发表《普式庚逝世百年纪念特刊》,编者按:"今天是俄国大诗人普式庚(A. S. Pusinkin)的逝世纪念日……普氏一生爱好自由,同情受压迫的农民,不屈服于专制朝廷。……本栏特约对俄国文学素有研究的作家写了几篇文章,略表追悼的微意"。当天刊出的文章有唐弢的《为什么纪念普式庚》、孟十还译的普希金诗《哥萨克》等。此后,11日,刊登了任钧的《普式庚还活着》(诗)等人三篇文章;12日,刊登何白的《诗人普式庚》;13日,刊登李又燃译的普希金诗《献给十二月党人》等。

2月13日,《言林》发表《知堂近作》诗一首。诗前,谢六逸加注说:"昨遇友人海戈,出示知堂先生近作一首,因索来发表,以供同好,其责任由我负之。——中牛识"。周作人的诗如下:"尚有年堪贺,如何不贺年? 关门有汉蜡,隔县戴尧天。世味如荼若,人情幸瓦全。剧怜小儿女,结队舞翩跹。"

2月20日,在《言林》发表《丙子感作》,署名无堂,全文如下:"吾侪真尴尬,值兹老鼠年;邻鼠扰我室,家猫奈何天;被啮物皆损,受攒土不全;尤怪饭鼠类,羡奸不羡仙。"

2月22日,在《言林》发表散文诗《忧国》,署名无堂。其中几行如下:"你说:'近来常有忧国自杀的志士';我道:'现在更无护国抗战的英雄。'……你问:'如何变忧国为乐国?'我答:'必须易自杀为杀敌!'"

2月25日,在《言林》发表《"存文"与"讲学"》,署名无堂。文章说:"前些时'国粹大家'江亢虎博士,因鉴于'白话'流行,'文言'废置,深恐江河日下,斯文尽丧。于是聚集同志,组织了一个'存文会',从事保存'国粹'。江博士又到各处去演讲,极力主张古代文化的复兴,同时对于白话文运动加以诋斥。江博士的用心,只有他自己明白。"此后,"江博士又有讲学会的通告……讲题为《中国文化叙论》,分五十有二讲"。谢六逸在文章末尾说:"惜乎我辈无闲领教,不然也可以懂得一点'存文'的秘诀。"

2月27日,在《言林》发表《后方粮台》,署名中牛。文章说:"要操'必胜之券'不但要有自己的'后方粮台',而且要守护着它,不可变作别人的东西。"

3月2日,在《言林》发表《夹板斋随笔(一)芳邻的武士》,署名中牛。文章说:"日本自藤原氏专政(约当公元十世纪时),政治大权即入武人掌握。到了德川家康开幕府于江户(即现在的东京),武臣专权,达于极点,历史上称为'武家政治'。""现在的日本,以海陆军夸耀于东亚。追问原因,还是由于'明治维新',建立宪政,然后将'束发带刀'的武士们,训练成新式的海陆军人。"

3月3日,在《言林》中发表《夹板斋随笔(二)芳邻的浪人》,署名中牛。文章说:"日本封建时代的武士被主子驱逐,失了本业，于是东飘西荡，有些变作了'浪人'。可是浪人依然要吃饭穿衣，总得想一个糊口的方法，于是就又有所谓侠客者出现。侠客大多擅长一种法术，叫做'忍术'，就是用种种方法，潜入敌阵，在前方后方捣乱。"

3月4日，在《言林》发表《夹板斋随笔（三）试谈性爱》，署名中牛。文章说：日本古代典籍《古事记》里记载日本男女二神将"飘浮不定的国土造成"，而目前对中国的"亲善"、"提携"的"美德"，"原来自古养成"。

3月5日，在《言林》发表《夹板斋随笔（四）试谈狗熊》，署名中牛。文章说：狗熊"被人家在鼻尖上穿了一个铁环，牵着在城市里走来走去，卖艺度日，靠一点稀粥活命。将它跟冰块上的白熊比较，真有天渊之别。"

3月7日，在《言林》上发表《夹板斋随笔（五）春寒》，署名中牛。作者因春寒而想及自然的威力，接着又说："然而试问我们对于屡次的灾难已经尽过'人事'了么？照这样下去，中国有许多地方将要逐渐变成沙漠，有的变成荒地，有的变成沼泽，加以海上还要闹'冰灾'，那么中国真是一个名实相符的'灾国'了。"

3月9日，在《言林》发表《夹板斋随笔（六）间谍》，署名中牛。文章因报载"有某国侦探美国海军的新闻"而谈到间谍；最后说："即令不研究舶来的'间谍'，不妨研究土产的'汉奸'。因为研究汉奸较之间谍容易，理由是活的模型甚多，关外跟通州一带俯拾即是。研究之后，来一篇《汉奸的狐狸尾巴》，送到福建去发表，也可以防患于未然呀！"

3月11日，在《言林》发表《夹板斋随笔（七）杂志短命年》，署名中牛。此文涉及 30 年代出版界的有用资料,全摘如下:"读书读到'专看杂志',已经够可怜了。整册的专著没有销路,大约不外几种原因:买不起,读不懂,无暇读。补救这些缺陷,恰好有杂志,或周刊,或半月刊,或月刊;文章并不艰深,定价也还便宜,大家都舍专著而不读,只看杂志。近两年来,国内的杂志出了不少。假如外人有'入国问俗'者,试作表面的调查,准要佩服中国文化已有长足的进步。哪里知道国内杂志之发达,正所以表示文化'短足之退步'(渐渐退化,故曰短足)。可是有杂志读还算好的。今年除了号称稳健的刊物外,不免短命。连这样一点'馈贫之粮',也还不易保持。至于借办杂志做'敲门砖'的,又当别论。他们一面在慷慨激烈,指导青年;但也期待着一顶'紫金冠'降到自己的头上来。目的达到,他们所办的杂志,自然也就短命了。"

3 月 13 日,在《言林》发表《夹板斋随笔(八)丑角》,署名中牛。文章说:京剧"在目前被笼统地斥为'落伍'、'封建',但我却不以为然。《打花鼓》里的花鼻子少爷,《打渔杀家》里的土豪,我看了以后,总觉得津津有余味……'平剧'中的丑角,着实有几个可爱的,我以为。试看那《打花鼓》中的花鼻子少爷跟现在的摩登青年有什么差异,不过在衣裳戴帽子上面不同罢了。《打渔杀家》里的土豪,不拘在上海或内地都有的是,不过鼻子上的白粉,已经揩净罢了。诸如此类的丑角,他们能够贴合人生,把握现在,所以可贵。"

3 月 15 日,在《言林》发表《有见闻斋笔谈》,署名中牛。文章说:某日坐车往江湾,道经某校门前……校外篱笆上有香烟广告,而校中规定不准吸烟,"此种矛盾现象,将使莘莘学子莫衷一是。"

3月16日,在《言林》发表《夹板斋随笔(九)小型文艺》,署名中牛。文章谈编辑小型报副刊的意见,谢六逸先转述一位友人的话说:"今年不但是杂志的厄年,也是文艺的厄年。别的原因不用提起,单就'小型报'的发达讲,就是文艺被撤销的一个原因。小型新闻只能登载小型文艺,比方传统文艺小说、五幕剧、长诗等就登载不下。小型文艺只能采用短诗、感想、写生文、掌故、小说等形式。其实小型文艺古已有之,散文就是格言、诗话、笔记之类;诗就是五绝、小令之类。……其范围之狭小,自不待言。"文末,谢六逸说:"这个意见我承认有相当的价值,可是小型报纸并非'杂志式'的大型报纸可比,没有多余的篇幅,专供文艺之用,故不能'采办全球货品',乃是当然的。我始终主张'小中见大,短中见长',不然,小型报就要和大型报走上同一条路。"

3月19日,在《言林》发表《夹板斋随笔(十)谈鬼》,署名中牛。文章说:"烟霞散人著《斩鬼传》,书前有瓮山逸士的序文,解释鬼的意义,甚为明白清楚。他说:'夫人既名之曰鬼矣,则必阴柔之气多,阳刚之气少。'照此意推测起来,没有'阳刚'之气的人才可以称做鬼,一般热血的人怕未必有做鬼的资格。但也有自安于做鬼而不辞的,有鬼诗一首为证:'作鬼今经五百秋,也无烦恼也无愁;禅师劝我为人去,只恐为人不到头!'做了五百年的陈鬼却不愿投人身,似乎做鬼易而做人难,也许就引起了几位志士的羡慕。文天祥、史可法的鬼何在?我愿他们出现在眼前。"

3月24日,郁达夫《闽游日记》:"谢六逸来信一,系催稿兼告以日人评我此次来闽的动机之类,中间还附载有该项评论之日本报一张。"第二天早晨七时,郁达夫即写稿一篇,"名《记闽中的风雅》，千三百字。"按：此文于 4 月 1 日在《言林》刊出。

3 月 27 日，在《言林》发表《释"编"》，署名头陀。文章说："年来编书之风盛行，有的，是一折书；有的，是不折书。然而，在把别人的版权所有的东西收编起来这点上说，两者性质，大同小异。两者的目的，都是以极少数的成本得到较大量的利润。……于是我看着'编'字，不禁想起一种新的解释。'编'字的一半从'骗'，一半从'绑'，大概所谓'编'者，就是连'骗'带'绑'的办法。如主编的人只顾书店老板的利益，而不顾作家利益的话，我的这种通俗文字学的解释法，决不会有错的。外国不是没有'编'的办法，不过他们对于版权者先要征求同意，事后在序文中是要声明致谢的。在中国，则不然，事前并不征求同意，事后甚至连一本编成的书都不送给版权所有者。侵占你的版权是话该。这就是所谓'编'。"

4 月 3 日，在《言林》发表《夹板斋随笔（十一）赞美警察》，署名中牛。文章从中国警察谈到日本警察，从华界警察谈到租界警察，谢六逸说："我认为警察是'文治派'，管理他们的，最好也用'文治'的方法。他们之所以动武，就是没有文治得好，其罪不在他们的身上。"

4 月 4 日，在《言林》发表《夹板斋随笔（十二）儿童节》，署名中牛。文章说："今年是儿童年的儿童节，好比民国廿年的双十节一样，是一个重喜的日子，值得大家来庆祝一番。……我知道今天有盛大的庆祝会，就有官样文章，'开会，三鞠躬，演说，余兴，茶点'等项，应有尽有，大约花费三小时的光阴。这三小时过了之后，也许儿童节无处去寻，就连儿童年怕也踪影全无了。因为儿童年早已缩短，变成一天，就叫做儿童节；儿童节再一缩短，就变成了三小时的盛会；三小时的盛会再一缩短，就变成了一小时的名流演说。一小时的名流演说完了之后，儿童年的儿童节就只剩了一堆香蕉皮、橘子皮、糖果包皮。"

4月8日，在《言林》发表《夹板斋随笔（十三）医生》，署名中牛。文章说："《巴士德》的影片演过了，我看了很受感动。所谓坚忍的精神，崇高的人格这两句话，用来赞颂巴士德，我认为是合适的。巴士德在早不过是一个研究保藏酒类的化学师，他没有浪费民脂民膏，出洋考察；也没有起草计划书，要求政府造一座美轮美奂的科学馆。反之，他所得到的是嘲笑、中伤、摧残，然而并未妨害他的造福人类的工作。……巴士德的精神是人人应有的。这张影片，给青年看，固然很好，上海的江湖医生，尤其要去看看，千万不可错过这个机会。"最后，文章归结到"今年是儿童年，要做的事多着呢。……让我们来铲除侵害儿童的病菌，就是'围剿'那些百日咳菌、肺炎菌。先将上海各市立小学、弄堂小学里的传染病菌，清除一下。"

4月18日以前，给福州的郁达夫写信约稿，郁达夫于18日午后接到此信，即寄诗一首。诗名《游白云洞》，于4月28日刊于《言林》。

4月21日，在《言林》发表《夹板斋随笔（十四）辞典》，署名中牛。文章说："最近日本的'东洋文化未刊图书刊行会'，编写了一部《日华大辞典》，只看它的量，就有三巨册，收语汇三十万。编辑人有'中国通'、'日本通'，费时十五年之久，这是从来所无的巨制。在中日两国的语言的研究上，自然很有用处。可是一看那发刊辞，就令人有不快之感。其中有句说，'日本为了它的成长与发展，即应拥抱满洲、提携支那，作为东亚兴隆的大基石'。再看书脊上的图案，更可怪异。那上面画着三面旗子，排成一个品字形，正中是日本国旗，左下是中国国旗，右下就是所谓'满洲国'的'国'旗了。一种文化工作，它的价值是永久的；它的目的是为人类的，为什么要取这样偏狭的态度呢？"

同日，在《言林》发表新诗《船笛》，署名无堂。全诗如下："曙光照在白格子的窗上，/远浦的船笛，呜呜地／唤起了飘泊者的梦。／海涛，灯塔，沙鸥，/又在梦间环抱了，/没尽头的茫茫的旅程。／眼前是青青的客舍，/一阵阵杨柳风，/扫不尽的轻尘。／船笛已渐渐低微了，/——袅袅的余音，/撩起了新的旅愁。"

5月4日，在《言林》发表《追悼"五四运动"》，署名中牛。文章说："我们如要纪念'五四'，还是庆祝好呢？还是追悼好呢？讲到从前'五四运动'的精神，我们应该庆祝；然而这种精神已经死了多年了，现在只消追悼它，用不着庆祝。不过从前参加'五四运动'的重要分子，现在都在在朝为官，当然是食'五四运动'之赐的；据说他们正在'埋头苦干'，替青年树立一个好榜样，就这一点说，到了'五四'未始不可庆祝一下。除了这个意义之外，还有什么值得庆祝的。去年今日，有某某君在无线电播音台，大吹他自己攻打曹、陆、章的勇敢，用意甚善。我想今后要庆祝'五四'，也只有用'空中播音'一法；不知今天我们能否再有这种'耳福'？可是'曹'、'陆'、'章'三字，恐怕也不敢再提了。"

5月8日，《言林》发表沛江的《请愿》，文章说："报载某丝厂工人，在和平请愿中，被印度巡捕打伤了二百余人，打死了一人……今日为生活而和平请愿，明日即舍了生命捍卫祖国，爱护这些优秀的种子吧……"文末被删去，开了天窗。

5月21日,在《言林》发表《国号》,署名无堂。这是一首四句的小诗:"号我以支那,/ 报之以 XX,/ 匪报也,/ 永以为好也?"并附[跋]如下:"报载芳邻某君在贵族院会议席上发表演说,有谓:'中国妄自尊大,僭称中华民国,我方竟以中华相称,冒渎我国体尊严,此后应改称支那。'这真令人不懂之至,何以芳邻竟干涉我国号,而肆加改称?这也许仍是所谓'亲善'罢?那末我们也应该'回敬'一下。尝见报上常将'友邦'写作'XX',不妨就以'XX'报之(用《诗经·木瓜》旧调),以示礼尚往来,借符所谓'亲善'、'和好'之旨云尔。"

5月26日,在《言林》发表《救济大学生》,署名毅纯。文章说:"最近教育部令过去二年度的失业大学生登记,似乎有救济的决心","如有心救济,请速拟出办法"。

5月27日,在《言林》发表《书业》,署名中牛。文章说:"前日报载书业公会已奉教育部令,凡同业出售书籍,价目一律改为实价,废除折扣,自七月一日起实行,因此'一折几扣'的书末日已至云。书业的痛苦在今日已极深刻化,书籍之是否售实价,或者一折几扣,我以为这倒用不着怎样关心,如像每年改订课程标准;或将书商呈请审订的教科书任意搁延,则书业真有点吃勿消,这确是书业的障碍,我想也要认真'废除'才好。"

5月28日,在《言林》发表《祭》,署名毅纯。文章说:"海戈君作诗挽胡汉民先生有警句云:书生面目千古存,令人长忆一巴掌"。这是指国民党元老胡汉民在大革命时期于广州打英国领事一巴掌事。

6月7日,"中国文艺家协会"正式成立,谢六逸与郑振铎、马宗融、徐调孚、茅盾等均为发起人,并参加为会员。

6 月 12 日,《言林》刊出的魏东明的《北平纪事》(下),题目保留,正文被删去,开天窗。

6 月 13 日,在《言林》发表《读史随笔》,署名中牛。文章说:"日俄战役,日本舰队司令东乡平八郎封锁旅顺港口,谋锢俄舰于港内,征将卒率舰至港口自沉,应命者超过定额数十倍,从容赴难,终达闭塞旅顺港之目的。又东乡击俄国波罗的海舰队于朝鲜海峡,发见敌舰时,即发命令曰,'皇国兴替,在此一战,将士宜各努力'。吾人读日史至此,深感日本'武人政治'之所以能够存在,并非无因。今者兵发衡阳,跃跃欲试,诸将多为日本士官毕业生,岂真有决心'民国兴替在此一战,将士宜各努力'乎?呜呼!吾愿拭目以观其后。"

同日,在《言林》发表《时事吟》,共十四行。主旨是:"在这大难的年头兮,中国何其不幸!中国早已被夺兮,华北又危如覆卵。""如今对外尚未'亲善'到底兮,抑是兄弟之阋墙?""民族危机至此已极兮,敢请诸公静夜想一想。"署名无堂。

6 月 24 日,在《言林》上发表复沪江大学玉藻信,谈《言林》上的文章被"文剪公"剪到别的报纸发表的事情。署名中牛。

6 月 28 日,在《言林》上发表《黄梅时节》,从感叹气候的黄梅时节,想到印度一位志士的话:"印度封建酋长多么近视,他们没有想到联合起来反对敌人,每人单独作战而失败",终遭亡国之恨。署名毅纯。

7 月 2 日,在《言林》上发表《夏夜漫笔(一)》,署名毅纯。作者的主要感慨是:"夏夜微凉,街上有许多叫卖声,从他们喉管里迸出一种酸辛的声浪。因此我想起'出卖'这一回事,斗方文人卖名,劳动者卖血汗,虽同为出卖,但有个分别,有的迫不得已,有的出于自愿。这些都已陈旧,不堪再提。近几年来,另有新花样,就是出卖言论。不过这种出卖,也许得不偿失,因为卖给少数人同时就失掉了大多数的信仰,并不见得合算。"

7月3日,在《言林》发表《夏夜漫笔(二)》,署名毅纯。文章分三段,前两段如下:

"友人K君由东京返上海,过访寒斋,谈及日本的国防。K君告我,日本首都正努力完成地下铁道。民众的组织也日愈严密;如控山洞,掘水井等,均积极进行,惟文学界尚无'国防'一语的提出。我说,侵略他人的国家,当然无所谓'国防文学'。替代'国防文学'的,为鼓吹侵略殖民地,这种文学作品在日本杂志上常见。K君以吾言为然。

"K君又语我:去腊学生运动兴盛时,某大学的名字常在东京各报出现,因此妇孺皆知。有某报大书某大学已预备军火若干,战粮若干,足敷抗战若干时日之用。某大学学生留学东京者,大为便服警察注意,行动极不自由,最近防范始渐松懈,我闻此言,啼笑皆非。"

7月5日,在《言林》发表《夏夜漫笔(三)》,署名毅纯。文章就卞之琳在《文季月刊》第2期发表的《不如归去谈》,就布谷鸟的拟禽言发表看法:"卞君的文里提到布谷声有'光棍抗锄'、'光光多锄'、'花好稻好'、'脱却布裤'等,本来这种'拟禽言'是随着地方语言而异的,如我的家乡(贵州贵阳)则拟布谷声为'包饭过河'、'宝贝哥哥',此外定有许多不同的拟声。"

7月8日,在《言林》发表《夏夜漫笔(四)介绍菊池宽》,署名毅纯。文章说:从"《申报》上知道日本外务省决定派遣文学家菊池宽与评论家长谷川如是闲二人来华,进行文化提携,已定九日动身。菊池宽和长谷川如是闲究竟是怎样的人物呢？让我今天先谈谈菊池宽吧。"在介绍了菊池宽的籍贯、年龄及创作的情况以后，文章说："这一次日本外务省为什么派遣这位文坛富豪到'支那'来推进文化工作呢？是不是他的三角四角恋爱小说适合国人的胃口？我想不见得，写三角四角的恋爱，国内早已有菊池宽的私淑弟子，似乎不必劳他的大驾了。在我看来，菊池宽虽是一个文人，但是兼有资本家和政治家的身份，他的《文艺春秋》杂志就是一个联络资本家、政客、武人、官僚的工具。记得有一年他当了议员的候选人，居然四处演说，虽然没有当选，也不能说'空忙一场'，大概他的后面总有几个财阀或政客在那里捧他，这是毫无疑义的。他对'中日关系'采取怎样的态度呢？他曾说过这样的话，'日本的殖民地发展，日本的文学就可以跟着发展。'你看，外务省焉能不派他？"

7月16日，在《言林》发表《夏夜漫笔（五）介绍长谷川如是闲》，署名毅纯。文章介绍了长谷川的本名（万次郎）和籍贯、作品以外，又介绍长谷川养的猫"不仅不吃老鼠，甚至连'食物'和'动作'都和猫的本能离得天差地远。"文章最后说："报载他将偕菊池宽来华，'推动'中日文化，是则'如是闲'将不免暂作'如是忙'了。以一个散文家和批评家的身份来华，我们自无异辞。可是长谷川君来华以后，我们希望他能够认识中国的'猫'，不尽是不肯'捉老鼠'的。"

7月17日，在《言林》发表《感时偶占》二首，署名无堂。二诗如下："走私渡头风急，流寇关中日多；北鄙痛成俎肉，南陲忍自操戈！""揭橥抗敌易事，兴戍征夷难能；何时抬头乐干？胜X拍掌欢腾！"按：当时国民党政府通令，不能直接称日本帝国主

132

义，只能以"XX"代替。此处的"X"估计为"日"字。

7月19日，《言林》出版纪念聂耳逝世一周年特辑，发表周巍峙的《我们怎样纪念聂耳先生》等二篇文章。

7月27日，在《言林》发表《准时事吟》，署名无堂，全诗如下："仲夏何炎热，阔人避暑忙！驱车移部院，飞鸟入庐山。风冽身该爽，云深梦正闲。谅知黎庶苦，策划济时艰。"

7月28日，在《言林》发表《夏夜漫笔（六）》，谈吃西瓜。署名毅纯。

8月7日，在《言林》发表《夏夜漫笔（七）》，署名毅纯。文章说："在从前的封建社会里，有一种地位特殊的人，上天生他们出来，是专为发怒的。明太祖就是一个代表人物"。"在现社会里面，有一点地位权势的人，他们也有这种意识"，这是"帝王意识的表现"。

8月13日，在《言林》发表《夏夜漫谈（八）》，署名毅纯。文章说："此番参加'世运'的健儿，在国外连吃'鸭蛋'，国内的舆论似乎不肯原谅，颇有挞伐之势。其实世运选手的失败，未出国以前，我们由于'预测'的结果不难知道一点。在这个时候，加以挞伐，我以为大可不必。""花费了几十万在'世运'身上，有人觉得肉痛，听说阔佬有在'瑞士国'花上百万建造公馆，备将来亡国后，作海外寓公的，请问还有比这个消息更可肉痛的么？主持正义的言论家可以想一想吧！"

8月24日，在《言林》发表《昆虫》，谈"蝉"与"兜虫"，说这二种虫"头角峥嵘"最有"官派"。署名中牛。

8月25日，在《言林》发表《谈用字》，署名中牛。文章说："昨与友人闲谈：近人用字，时犯错误，甚至连'发明'与'发现'也分辨不清楚。我提出一例说：有人喜用'会心'二字，如说'会心的微笑'；'读会心的书'等类，用是可用的。但如说'穿会心的衣裳'、'讨会心的老婆'，就不免牵强。其实'会心'二字的适当用法，应该是'要吃一碗会心的饭'，可惜还未见人用过。大约这种饭根本就没有，所以大家都不去用它了"。

8月26日，在《言林》发表《再谈用字》，署名中牛。文章说："'阶段'二字，大家喜用。前日某报第二版登有结婚启事一则，说：'我俩因感情与意志的结合由朋友阶段走上恋爱阶段'。照此用法，不免还有'结婚阶段'、'洞房阶段'、'育儿阶段'一大套。阶段阶段，一举一动，无非阶段。"

8月27日，在《言林》发表《"熏、浸、刺、提"》，就报载一位女学生徘徊街头，寻觅师父，一心想学剑仙事发表评论。文章说："梁任公说，小说有四种力量，就是'熏、浸、刺、提'，这话在现今估计起来仍有价值。由此可知文艺力量的伟大，无论好坏，总易使读者受到影响。如果文艺作品是指示光明的，读者便去追求光明。不幸这位女学生看了含有毒质的小说，受了它的'熏、浸、刺、提'等作用，于是深夜彷徨，寻觅'师父'。文艺有教养民众的作用，含有毒质的小说是破坏健全细胞的，功用适得其反。少年时代缺乏择别文艺作品的能力，这是教育家的责任，从小学时代开始，就应该使他们有一个比较正确的文艺观念。"

8月29日，在《言林》发表《放鸟记》，署名毅纯。文章说："两个月前，为了调和枯寂的空气，使小孩子在暑假中得到一点快乐，我买了一只小鸟，关在笼里。""在小孩子暑假后上学第一天，我终于开了笼门，让它飞出，然而它飞不动了。""关得久了，以飞出色的鸟也要飞也飞不动。由此我想到环境的可怕，引起人生的烦恼。不受环境的拘束,然后才能享受人生的乐趣。"

8月30日,在《言林》发表《再谈用字》,署名中牛。文章说:"昨天看大学生入学试验的国文考卷,十卷中有三卷喜用'一切的一切'这五个字。"

9月3日,在《言林》发表《西风》,署名毅纯。文章说:"办杂志的人总希望销数多,最好人手一编,在营业室的墙上,挂起'不胫而走'、'风行一时'的匾额。在十年前,我曾经有过一种理想,打算集十个友人,以趣味相投者为限,每人每月出资五元,印行一种薄薄的刊物,内容专载平淡的散文。此种刊物不求畅销,只希望分送各地友人,即令资金完全亏蚀,也不要紧,反正只有五元,办法与营利的完全不同。其唯一目的,就是看到了自己所愿意看到的东西,正同亲自走进厨房烹调自己爱好的食物一样。昨天收到黄氏昆仲编辑的《西风》①月刊,翻看一遍,正是我个人所需要的一种杂志。其中最好的文章当数《父亲的后悔》、《铁肺的故事》等篇。《西风》出世,能够不胫而走,自然很好,纵然只销五本,也无损于它的价值。"

9月9日,在《言林》发表《漫文》,署名毅纯。文章介绍内山完造的著作《一个日本人的中国观》,说:"'漫文'的写作,原是日本人的一种特长。所谓'小中见大'者,便是指这种文体。内山

---

① 《西风》月刊创刊于1936年9月,终刊于1949年4月,前后延续了13年,共发行了118期。这是一份介绍西方文化的综合性、知识性刊物,稿件来源主要是翻译美国杂志和英、法、德等国刊物上的文章。在1941年12月太平洋战争爆发前夕,每期销数超过二万份。刊物由当时在上海圣约翰大学任助教的黄嘉德和他的兄弟、该校四年级学生黄嘉音主编,林语堂任顾问。

君的著作，较之自称'支那通'写的有趣多了，颇有一读的价值。"

9月11日，在《言林》发表《编辑者的态度》，署名毅纯。文章说："假设有一种刊物标榜某种主张，挂出了'本店只收某项货色'的招牌，其中所刊的文章，当然是'整齐划一'的。可是一般的刊物，就只好根据某种标准，罗致式样不同的文章，借此吸引各方面的读者。纵使有人责备这句话带着江湖气味（亦即 Journalism 的别解），我也不辞，因为要做一个彻头彻尾的'记者'（Journalist），非如此不行。前些时《言林》刊载了永康君的《至情文学》，过两天又刊载周楞伽、陈子展两君批评《至情文学》的文章，那时有读者来信，认为无异在同一刊物上'打架'。但在编者看来，他们三位的文章，都言之成理，故乐为刊载。同时也有一点愿望，就是借了永康君的文章，可以引出反面的文章，让大家去选择适合自己口味的东西。即令果如某君所说，他们真在'打架'；我敢担保，最多不过一二回合而已。假如有一天《言林》奉某种主张为'中心'时，则编者自当放弃这种态度。"

9月14日，在《言林》发表《编辑余墨》，署名毅纯。文章说："报章杂志这东西，我们只能当它是一种公众的武器而不可视为一种私人的武器。如果利用它去伤害任何个人，图遂一己的私忿，这在道德上无论如何是说不过去的。不幸这种事实在目前的报章杂志上时时出现，我们不能不说这是记者道德的堕落。有权力编杂志的人，在他自己办的刊物上任意造谣诬陷，这是极其容易的事情，但是结果于人无损，于己只博得一个'泼粪'的臭名，不见得怎样合算。再说目前对于私事的记载，总是不厌求详，例如女性受凌辱一事，除开直书真实姓名、年龄、籍贯、职业、住所之外，甚至她的父母兄弟姊妹朋友等,恨不得一股脑儿公布出来,这真是何苦来!""在今日来谈新闻道德,不免总要碰一鼻子灰,但'人性'还在,不能不谈。"

9月16日,在《宇宙风》第25期《日本与日本人特辑》发表《日本的杂志》,署名谢六逸。文章借介绍日本人编辑杂志的情况,谈自己的看法。谢六逸说:"顾名思义,既称杂志,内容宜求其'杂'。我国的杂志,虽欲求其杂而不可得。因为文章缺乏,编辑技巧不精,铅字不整齐,插图模糊,'花边'不全,如何能'杂'呢?""凡办杂志,不管是学院派的,专门家的或者通俗的,一般人的,我们可以在每项问题中求其复杂,在编排上求其复杂,在排式上求复杂,在使用铅字花边上求复杂,在插图或饰图上求复杂。""希望杂志办得好,'杂'得妙,'销'得好,第一要'杂志记者'得人。日本的杂志记者确实有一副本领,他们的本领,我可以借用中国赌徒的三字口诀来说明——就是'忍'、'狠'、'等'。""所谓'忍'者,即厚脸皮之意,应付一个名流要脸皮厚,应付一批名流也要脸皮厚。向他们罗致稿件,在会面时除了接连行九十度的鞠躬礼而外,还得用各种方法和他们联络,目的在于使他们的好文章都在自己的杂志上刊出。要达到这个目的,非做'百忍堂主'不行"。"为了与别人竞争,他们允许极高的酬金……不吝啬稿费,其'狠'一也;向多方面罗致文稿……其'狠'二也"。"'等'者包括'跑路'、'伺候'之类。作家住在外埠的,如果拍电报还不见稿子寄来,就得花一笔旅费,派记者去坐索。"

9月18日,在《言林》编排了纪念"九·一八"诗辑,约请东北作家罗烽等发表了文章。

9月20日，在《言林》发表《〈言林〉一周年》，署名谢六逸。文章说："《言林》一年以来刊载的文章，将近一百万字。每篇文章的长度，约在五六百字左右。""又因为地位有限，愈觉得这一块手掌大小的地方，十分宝贵。""一年以来，向作家索稿时，我的第一句话就是'要短些！'""编者希望《言林》每天能够刊载五六篇简短有力的文章，但就过去说，离我们的理想还远。一百万字的短稿已经呈献于读者了，但是将来的二百万字呢？则有待于作家的助力和读者的鞭策了。"

9月，纪念蔡元培七十、柳亚子五十寿辰的《蔡柳二先生寿辰纪念集》出版，此书由徐蔚南编，七叟马相伯题封面，中华书局印行。此书征集作品缘起中说："蔡柳二先生的道德文章固为我人所宗仰，而二先生的寿辰，尤其值得庆贺"。署名发起征集作品的共九人，谢六逸为发起人之一，其他八人为：胡朴安、王世颖、陈陶遗、徐蔚南、曾虚白、舒新城、胡怀琛（寄尘）、陈抱一。（柳元忌：《柳亚子年谱》）

10月6日，在《言林》发表《沪北行》，署名无堂。全文如下："多少恨，踱过市区中，／仿佛昔年一·二八，／弩张剑拔势汹汹，／萧杀起秋风。"并有注如下："前日因有事往沪北，见形势紧张，有如四年前'一·二八'之前夕，不禁感喟作此，写后观之，仿佛《望江南》一阕。然江南又复风声鹤唳，远非前人所谓'杂花生长，群莺乱飞'时比也，能不怆然！"

10月12日，在《言林》发表《雾》，署名毅纯。文章就国民党政府所谓"不到最后关头，决不轻言牺牲"给以评论："然而'最后关头'也者，也还在'雾'中"，但是"我想民气已经到了最后关头了。"

138

10月20日,在《言林》发表《悼鲁迅先生》:"十九日上午得到消息,知道鲁迅先生的病已无法挽回,中午噩耗传来,我们的文坛巨星竟长逝了。鲁迅先生在文学上的成就,在中国是第一人;他的操守的坚贞,在中国是第一人。鲁迅先生不死!"署名毅纯。

10月21日,在《言林》发表宏毅的《鲁迅的谐谑》、一丁的《鲁迅的散文》和一丁辑的《鲁迅语录》。宏毅的文章说:"日本的文士某君赞鲁迅是中国的'夏目漱石'(即《草枕》与《我是猫》的作者),这是指他的风格说的,其谐谑处确与夏目氏相像。至于尊鲁迅氏为'中国的高尔基',则是指他的思想说的。"接着以鲁迅的《新秋杂识》和《父亲的病》两文说明他的谐谑;最后结论说:"诸如此类,可以证明他的谐谑与'幽默'有天渊之隔,不含一点油滑、轻佻,称它为'没毒的刺',不知妥帖否?"

同时制版刊出鲁迅致谢六逸的二封信。谢六逸并在以"记者"署名的《编辑余谈》中说:"十九日得了鲁迅先生的噩耗……本栏早已拼版,只得抽出空白,写了简单的悼辞,于昨日刊出。今天本栏的文章是编者在匆促中征集而来的,自然不足以纪念死者,希望读者多写文章……使我国的大众对于这位文坛巨匠更有深切的认识。"

10月24日,《言林》刊出"鲁迅先生纪念特刊",发表了黑丁的《痛》、越章的《至老不衰》、憾庐的《悼鲁迅》、龙子的《鲁迅的性格》。

10月25日,在《言林》发表五律一首《悼鲁迅先生》,署名无堂。全诗如下:"鲁鸡啼甫旦,迅尔溘然逝!先路千千言,生年五五岁（周岁）。精心何洁白，神志特坚锐，不料乍西归，死哀人尽涕！"这是一首藏头诗，藏"鲁迅先生精神不死"八个字。

11月1日，在《言林》发表郭沫若10月24日寄自日本的《挽鲁迅先生联》："方悬日月，迭坠双星，东亚西欧同殒泪；钦诵《二心》，憾无一面，南天北地遍招魂。"并摘刊郭沫若附信如下："鲁迅先生逝世，闻耗不胜惊叹，曾撰一联哀挽，写寄上海，今录出之如次，如《言林》可发表亦请发表之。"按郭沫若先寄此联与上海鲁迅先生治丧委员会，《言林》收到此联时，悼念鲁迅活动的高潮已过，但谢六逸附注说："虽时间性已过，本栏仍乐为刊载。"

11月8日，致孔另境信："承惠鲁迅先生文札记，甚感，自九号起按时刊出，续稿请源源寄来，以免中断。再，每段乞作一题目，将大题目移至每段末尾，如此虽逐日刊载，题目新鲜，可以调剂版面也。以后寄稿务请在信封上写明交弟名收，以免延搁，因普通投稿函每日总有五六十件。"（原件无标点，标点系编者所加）

11月16日，为复旦大学新闻学系教师郭步陶的《评论作法》作序，全文如下："初期的报纸，只重意见而不重消息，现代报纸则以意见和消息二者并重，看报的人不仅以知道消息为满足，同时对于报纸的社论评论也同样注意。晚近新闻采访编辑的技术，较之以前进步甚速，发表消息，彼此不肯示弱，往往甲报有此重要消息，乙报也可以得到。但评论与消息不同，一报有一报的立场，言论彼此不一致；执笔写评论的人各报也不相同，各报评论的风格，各有特征，因此评论实为报纸的灵魂。

"指导评论写作，以前没有专著，有之，从郭步陶先生的《编辑与评论》(商务印书馆出版)始。现在郭先生又将他在复旦大学的《评论作法》讲稿付印出版。内容系将评论文字分析的研究,举例说明,不厌求详,每章后附有各种问题,俾学者多有练习的机会,更为本书的特色。郭先生为评论文字指示一条路径,让大家依照他的方法去做,这是我们应当感谢的!"郭步陶此书先由《申报》馆以"《申报》函授学校讲义之五"名义出版;后改名为《时事评论作法》,于1937年5月由南京正中书局出版;1947年2月又由正中书局出版沪1版。

11月21日,致孔另境信:"承寄札记均已收到,感甚感甚。因拼版关系,有时被停下,如长短正好,必每日见报也。弟意此稿以二十次为宜,刊载过久,则版面呆板,不知尊意如何?拟乞掉转'笔头',另写他种短文,源源惠赐,实朝夕盼望也。"(原件无标点)按:《读鲁迅文札记》从11月9日至12月13日在《言林》上刊出,共二十篇。

11月22日,在《言林》上发表《反对绝食救国》,署名毅纯。文章说:"最近有人提倡绝食救国",但"以绝食一日所得捐给国家,数目有限","绝食对身体受害不浅","学校机关提倡,使一些人勉强参加"。文章最后说:"如要尽国民的救国责任,绝不是绝食一日便可了事"。

12月8日,《言林》刊登征文启事:"时光与潮汐不待人,国难严重之廿五年,转瞬过去。吾人回顾以往,瞻视将来,必有几许感想与希望。本刊特辟篇幅,广征读者意见",题目为:迎民国廿六年。

12月10日,致孔另境信:"《读鲁迅文札记》刊载已久,恐读者生厌,故拟暂停。前刊大作《道义的制裁》一文颇引起反响。

此种文章最适宜刊载,故请多写寄赐,谅不见拒。存稿如须寄还,示知当照办也,请示复。"按:《道义的制裁》一文刊于 11 月 5 日《言林》上,谈鲁迅杂文集被盗版之事。

本年,所编之增订本《实用新闻学》又由上海《申报》馆作为"《申报》新闻函授学校讲义之三"出版,署名谢六逸编。

本年,所编之《新闻储藏研究》,由《申报》馆作为"《申报》新闻函授学校讲义之六"出版,全书分 14 章,讲述报纸的保存,报纸索引与报纸剪裁的差异,剪报的重要和实用,剪报的方法管理,报纸的装订,报纸索引的功用,剪报室,新闻书提要等,共 158 页。署名谢六逸编。

本年,所编之《国外新闻事业》,由《申报》馆作为"《申报》函授学校讲义之十二"出版,全书分 7 章,首章概述世界新闻事业,其余 6 章依次叙述法国、日本、美国、德国、苏联及英国的新闻事业,共 136 页,署名谢六逸编。

本年,封季壬在复旦大学中文系毕业,"赵景深先生介绍我到女子书店编辑《女子月刊》","阿英同志嘱我举办一个座谈会,并备有晚餐。记得是在八仙桥青年会楼上,名单包括上海各大学的文学教授,和部分老作家。"(凤子:《我的几位师长》)谢六逸参加了这次座谈会,并介绍了 1930 年在复旦实验中学毕业的俞鸿模[①]参加。1964 年,俞鸿模在回忆录《海燕十三年》中写道:

---

① 俞鸿模(1908—1968),原名俞少岐,福建福清县人,印度尼西亚华侨。1930 年毕业于上海复旦实验中学,1933 年去日本留学,进东京明治大学,1936 年毕业,回到上海。1938 年,在家属资助下于汉口创办了海燕出版社(后改名海燕书店),1951 年并入上海公私合营新文艺出版社。

"凤子拟办一个妇女杂志,在八仙桥青年会西餐厅请客,接到请柬时,我不了解请柬是怎样来的,跟着猜想大概是谢六逸老师介绍的吧。没有猜错,谢老师已先到那里。请客的确起了作用,我不仅自己写了一篇小文,还向东京拉来了一篇译稿。"(见《出版史料》1982 年创刊号)

又,俞鸿模在同一篇回忆录中另一处也谈到谢六逸,情况如下:1936 年春至 1937 年,"一年当中,我最大一笔收入是经谢六逸老师介绍为《宇宙风》的'日本与日本人专号'写的一篇文章(杂志社来信约稿),拿了二十四元稿费。那篇文章是用小说体裁写的,原叫《房东的媳妇》,副标题为《日本的男与女》,编者就用后者作为题目刊登出来了。后来又在《宇宙风》上登了一篇不长的《公路及其他》。……在谢老师编的《立报》副刊《言林》上,也发表了《国宝乎? 贼赃乎?》、《打蛇记》、《我们的女佣》等 10 篇短文,每篇几百字。拿到稿费的,就是上面几篇东西。"

1937 年(民国二十六年)   39 岁

4 月,沈钧儒等"七君子"被控"危害民国"。

7 月,卢沟桥事变发生,全面抗战开始;北平、天津相继沦陷;"七君子"出狱;郭沫若从日本潜回上海,参加抗日;北平文化界人士纷纷南下。

8 月,日寇进攻上海。

11 月,上海失守,租界沦为"孤岛"。

12 月,日寇占领南京,30 万人遭屠杀,制造了"南京惨案"。

1月1日,在《言林》发表《新年谈文》,署名宏徒。文章说:"现在文章有'吹牛拍马"和'鼠头鼠尾'两种。上海有一种人,白昼提笔写吹拍的文章,看去一本正经,代人发通电,草宣言,做一个'高等跟包';到了晚上,摇身一变,就可以写鼠头鼠尾的文章了。可怜为了几粒残饭,不惜磨牙捻须,吱吱不休,但是写出来的东西总是鬼鬼祟祟,不脱'鼠目'、'鼠技'本色。这么一来,读者就被他瞒过了,这就叫两重人格。我又想起庄子说的'鼠肝虫臂',再从'鼠'谈到'虫'罢。夏天有一种虫叫做螳螂。它有一副镰钩,别的昆虫羡慕它,说它的镰钩锋利得很,你们可知道它的镰钩是作什么用的?它们为了'食欲',挥动镰钩;这且不管,但雌螳螂和雄螳螂交合之后,雌的便用它的镰钩杀害了雄的,忘了雄螳螂是为它下种的了。甚至有时雌螳螂得意忘形,用镰钩剪了自己的肚腹。文人说话不敢用正正堂堂的态度,又没有胸襟接受他人的批评,镰钩虽然号称锋利,又与雌螳螂何异?吹牛拍马,牛马无罪,而人自拍之吹之。老鼠螳螂生物本性,其实难怪,奈何现在文人,一心想学老鼠螳螂?真是'跟包文人'之器'小哉'!"

同日,《言林》发表元旦特刊,发表了任钧、海戈、王任叔等人文章。任钧的文章为《元旦谈〈立报〉》,谈《立报》迅速获得读者的原因。海戈的《过年口占》,全诗如下:"谁说年难过,通书日日撕。文翻新样子,武换旧〔?〕私。昨鼠偷而已,今牛何所之。《言林》十万众,个个是男儿。"海戈自己加注如下:"听人说《言林》有十万读者,为诌四十字,权当贺年礼物。偶见花蕊女士'十四万人齐解甲,曾无一个是男儿'之句,推其诗意,大致如上"。(旧报字迹模糊,有的字难以辨认)

144

4月13日,《言林》开天窗。因刊载了尚文(王任叔)的《求立(?)互信》,谈沈钧儒等被起诉事,后文大半部分被删去。

4月17日,为复旦大学中文系学生吴秋山的《茶墅小品》作序,《序》如下:"从前读日本人荻原井泉氏的《花鸟小品》,甚为爱好。最近得读秋山的《茶墅小品》,不期在国内也有和荻原风格类似的作家,如得一大发现,令人欣慰。

"秋山的小品文,静雅冲淡如其为人,对平凡的事物,观察得很精细。集中所搜《稻香村》、《西湖的莼菜》、《蟋蟀》、《荔枝》、《鲥鱼》诸篇,题材极平凡,人人能写,但别人写来,不是肤浅,就是酸俗,秋山的文学修养甚为湛深,他的文笔,近于'风流'一类,读了令人俗气全消,如看雨后的新绿,感觉愉快。我个人的感想如此,读者谅有同感吧!"此书由谢六逸介绍到北新书局出版。吴秋山的《序》中说:"我的室名叫'茶墅',而这里所收集的文章都是'小品',故名之《茶墅小品》。……本书承六逸师做序,并蒙他与李小峰、赵景深诸先生的匡助,得以出版。"

4月24日,《言林》发表任钧的《援助白薇女士》一文,谈女作家白薇贫病交迫,向文化界同人及社会人士呼吁援助白薇。

4月29日,《言林》刊登援助白薇女士的消息如下:"本刊24日发表《援助白薇女士》一文后,有几位读者写信来慰问白薇女士,编者已将原信托任钧先生转去。今天暨南、复旦两校的学生,先后寄来援救白薇女士的募捐启事,上面各有几十人签名。……,编者特将这个消息报告给关心白薇女士的作者。"

5月14日,《言林》刊登具名"非"的致"六逸先生"信:白薇"病源已十分明了,但必须到北平协和医院,才能治疗……她嘱我将此情形函告 先生登入《言林》,希望大家在她病未治愈之前,不要去看望她,如有同情,自应实力援助为是。非上 5 月 12 日,上海"

5 月 18 日,《言林》刊出白薇 5 月 15 日的信:"请停止对我的经济援助,我已要李兰把募捐事业结束","我要离开上海去医病了"。

春,范泉①转学到复旦大学新闻学系。范泉说:"我进复旦新闻系,是因为系主任是谢六逸先生,而我当时和谢六逸先生的交往,是由于洪深先生的介绍。当时我住在江湾的学生宿舍里。差不多每星期六的下午,我总是要到谢六逸先生家里去看他,和他聊天,有时就在他家吃晚饭"。对于范泉计划编一本纯文艺刊物,谢六逸给予热情支持。谢六逸说:"只有下水,才能学会游泳;只有在编辑实践中,才能逐步掌握新闻编辑学的实践规律,并相应地在实践中日益提高自己的文学理论水平。新闻学这个学科,绝非纸上谈兵的学科,是一门在实践中体验、在实践中不断总结提高的新兴学科。""谢六逸先生给我介绍了郭沫若、郑振铎、许广平等,洪深先生给我介绍了沈起予、田汉、白薇等大批作

---

① 范泉(1916—2000),原名徐炜,上海金山人,作家、翻译家、编辑家,1946 年翻译出版了[日]小田岳夫的《鲁迅传》,另有小说集《浪花》等著作。他长期从事文艺刊物编辑工作。1946—1947 年间,在大陆的文化刊物上陆续发表了一系列有关台湾文学的重要文章,被誉为"是当代中国大陆最早,而且很有见地的从事台湾新文学研究的人"。(陈映真:《鼓舞——纪念范泉先生》,载《山西文学》2001 年第 3 期)另,北京开明出版社的《出版史料》2002 年第四辑载有宋原放的《相见恨晚——怀念范泉先生》及 2003 年第二期上贾植芳的《一个不能忘却的朋友》、丁景唐的《怀念范泉》、刘竟程的《深情怀念范泉兄》、钦鸿的《运交华盖 名垂千秋》等文,均可参看。

家。《作品》半月刊创刊号就这样顺利地在 6 月中旬出版了。"谢六逸赞扬《作品》"编出了风格,他的意思是说,仅仅从目录看,已经在三个方面体现了我的编辑个性:一是运用文武线作框,细线作题列的分隔线,刊名和刊号作天头,交叉得恰到好处;二是文章分组,两面套成一版,一目了然;三是题目和作者的字体、标号以及空铅间隔、页码,甚至锌版题头,都搭配得很好,形成一个极其和谐的统一体,使人看了目录,就留下一种素朴的美感。""我编《作品》半月刊,是我闯进社会,向激励我从事文学编辑工作的老师谢六逸先生交上的第一份考卷。"(范泉:《我编〈作品〉半月刊》)

春,选编的《复旦大学现代文学讲义》,由复旦大学出版部出版。

春,由胡愈之推荐,出任上海生活书店拟议出版的《国民》周刊主编,填补《新生》、《永生》杂志相继被查禁以后留下的空缺。某晚,茅盾、胡愈之、谢六逸三人在一家弄堂饭馆商谈,谢六逸提出"无奇不有"四字作为编辑方针,茅盾十分赞赏。茅盾回忆当时的情况说:"是在'七七'的上半年,《国民周报》发刊的时候,也许现在很少人记得这刊物了,但在那时的低气压中,这'无奇不有'的刊物是适应了时代的需要的。应该记得,这刊物之出现,正在《新生》、《永生》连续被禁,爱国有罪的时期。以广泛的读者阶层为对象的进步的综合性的刊物,在当时成为迫切的需要。但主编的人物颇难其选,于是在这一类事上常常表现其卓特的组织天才的又一朋友——胡愈之兄,把沉着持重的'贵州督军'拉出来了。那一个可纪念的晚上,大概是在弄堂饭店的一家小馆子,用'无奇不有'这四个字来形象了这刊物的'以广泛读者阶

层'为争取对象的,是六逸兄的隽语。"(《忆谢六逸兄》)

《国民》周刊于 5 月 7 日创刊,到同年 11 月 9 日终刊,共出版 19 期。后来,实际上由谢六逸、张明养①共同主编。此后,《国民》周刊以后又与《世界知识》、《妇女生活》等杂志联合出版《战时联合旬刊》,谢六逸列名主编之一。《国民》周刊是一本综合性时事刊物,以密切联系现实的短评、专论、通讯、诗歌等文字形式,以及图画、照片等,鼓动抗日救亡、动员抗日、宣传抗战必胜,反对妥协投降。同时也刊登一些知识性、趣味性的小品,使整本杂志既有严肃的硬性文章,也有软性的轻松活泼的材料。

5 月 7 日,在《国民》周刊创刊号上发表《创刊的话》,署名谢六逸。文章反映了谢六逸对编辑工作和事局的看法,集中谈了五点意见:"一、我们向来有一种信念,觉得周刊的内容,尽可采用日报的编辑方法,比方取材求其广泛,文字求其浅近,编排求其活泼;时间性与兴趣性二者,更应注重。文章的内容,大体上以知识的供给和时事的述评为主,使读者读了这种周刊,跟阅览日报有同样的便利,而所得的知识或者较读日报更有系统。二、我们常听人说,在目前,通俗的周刊,仍极适合大众的需要,通俗二字,在我们看来,乃是进步的而非退步的。一篇文章,易

---

① 张明养(1906—1991),原名良辅,笔名张弼等,浙江宁海人,1929 年夏在复旦大学毕业,又进震旦大学专攻法语,1930 年年初考入上海商务印书馆,任《东方杂志》编辑,是胡愈之的得力助手。1942 年离开商务印书馆到重庆复旦大学任教。1949 年后,先后任《世界知识》主编、人民出版社副总编辑及世界知识出版社代总编辑等职。可参看上海《出版史料》1988 年第二期的戴文葆文《集专家教授编辑于一身——张明养的编辑生涯述略》。

于理解，读起来津津有味，可以称为通俗，可是，如果存心开倒车或者妨碍人类文化的向上进展，这样的通俗，我们不敢苟同。

三、在国难严重的今日，我们没有标新立异的主张。我们相信只有消灭各阶层的磨擦，上下一心一德，携手向民族复兴的大道走去才可以挽救危亡，这种责任，凡是中华民国的国民，人人都有份儿。因此我们的主张，也就是全国人民人同此心，心同此理的主张。就国内说，我们希望和平统一的完成，维护国民经济的命脉，充实国防的力量。就国际说，我们愿意支持货真价实的强硬外交政策；对强暴者的侵略，不仅以闭户防守为能事，也应该有收复失地的决心。我们创办这个周刊的动因，只是略尽国民一分子的责任。

四、一种刊物，有为个人而办的，有为少数人而办的，有为团体而办的。本刊的目的，乃是为最大多数的读者而办的。所有的篇幅，从首页到末页，愿意全部提供于读者之前，希望大家都来发表意见，在不违反时代的原则之下，我们欢迎‘公说公有理，婆说婆有理’的文章。夸大一点说，我们希望本刊成为全国民众的言论机关。同时我们希望本刊的生命能够永久，让大家有常常发表意见的地方。至于本刊的内容，能否做到切实有用，还得有赖于读者的匡扶。

五、近年以来，国内的定期刊物，好像有过‘洪水时代’，姑无论是否旋起旋落，总之各色齐备，应有尽有。但适合一般社会需要的，仍旧是综合性质的刊物。读者一卷在手，可以随意翻阅，不致感觉什么困难，这就是它的长处。本刊的内容，决定采取这种形式。至于文章的格调，有的严肃，但讲义式的大文章，本刊竭力避免；有的轻松，但不致于浮滑。我特此提出来，并非出卖‘狗皮膏药’。老实说，本刊编辑同人，大半是以‘教书’为业的，实际上，也就是一批‘高不成，低不就'的角色,像我们这种人,在这个时代,能做些什么呢?充其量只能写写这种文章,我们所愿走的路,只是最'平凡'的路。"

创刊号上还发表了短评《今年的五一》,署名逸。文章指出:"这一天,世界各大都市都有盛大的游行",但在德、意、日三国,劳动人民却不能公开庆祝。

本期发表胡愈之的《国民解》。胡在正文前说:"老友谢六逸先生创办了一个《国民》周刊,派定我写篇短文章。……我就拿'国民'这两个字来咬嚼一下,也算是潦草塞责。"

5月14日,在《国民》周刊第2期发表短评《棚户的迁移》,署名逸。文章赞扬沪东476家棚友团结起来,向租界当局抗争的"团结御侮"的精神。

同期,发表李权时的《经济的秘密》,作者说:"经济常识太多了!《国民》周刊主编谢先生令我在书刊上撰稿谈谈经济常识一类材料,那真有所谓'一部廿四史,从何处说起'的痛苦。"

5月21日,在《国民》周刊第3期发表《读经》,署名宏。文章说:报载冀察政务委员会通令中小学生读经,但历史上出卖国土的人,经是读得烂熟的,"今日郑逆孝胥就是一位读经好手"。按:郑孝胥原是清朝遗老,迎合日本帝国主义的意旨,辅助溥仪登上伪满洲国王位的宝座。

同期,又发表《张冠李戴》(吹毛求疵),署名鲁愚。文章说:日本的《世界文艺大辞典》(中央公论社版)第三卷中把鲁迅像当作胡适像;平凡社的《大百科事典》中,把北平香山辽代的宝塔错成是广东香山(中山)的塔。谢六逸说:"《大事典》之类,本来是最需要正确的著作,像香山塔的错误,还可原谅,而鲁迅先生的像当了胡适博士的像,那是饶恕不得的,因为前者未免太专门,而后者是已经近乎常识的知识,连这一点点的常识都不知道,还编什么辞典!其实日本人研究中国学术,卓越的固然有,一知半解的却也占十之七八,尤其自鸣为'通'的人,更要不得,他们不但不知道自己的浅薄,并且还常眨着一副轻视的眼色呢。"

同期,发表胡愈之的《续国民解》。胡在文前说:"《国民》创刊号应谢六逸先生之嘱,写《国民解》,因意有未尽,所以写《续国民解》。"

同期,发表王任叔的《青年——有自己的路》。王在文前说:"六逸兄叫我写点关于青年修养的文字,我答应试试看。……现在姑且随便想到,随便写来,算作向青年们叨教吧。"

5月28日,在《国民》周刊第4期发表短评三篇:《"浮尸"正名》,署名度;《东北大学生请愿》,署名宏;《青年自杀》,署名宏。在第一篇短评中,谢六逸说,天津海河中不管是"浮尸"也吧,"毒丐尸"也吧,"总之是中华民国的国民","希望这一惨无人道的案子,早一天水落石出"。第二篇评论说:"东北的青年遭遇是很不幸的,'九·一八'后,他们就失去了故乡,彷徨关内……希望政府赶快为他们选定校长,让他们继续求学"。后一篇评论说,报纸编辑"对于用什么方法自杀的记载,应该谨慎登载才好"。

6月4日,在《国民》周刊第5期发表短评二篇:《同文书院学生赴内地考察》,署名宏;《美亚绸厂工人绝食》,署名度。前文说:"同文书院是日本人在上海办的专科学校,该校学生常赴我国内地考察,作'拓殖'的实习,对我国的交通生产业和其他方面,都有精细的调查报告,他们的作用也就可想而知了。我国的大学生近年来也有考察团的组织,可是意在游览,少有真实的成绩给我们看,因此我想起我国大学生责任的重大。"后文说:"今年罢工事件层出不穷","在国难严重的今日,我们希望双方都能让步。可是目前生活程度愈来愈高,资方如果不顾到劳方的最低限度的生活,那么劳方要让步也无从让起了。"

6月6日,在《言林》上发表陈毅的《记苏联大使馆预演〈与打击者以打击〉》,记5月29日苏联大使馆在上海大戏院放映电影《与打击者以打击》,招待各界的情形。

6月11日,在《国民》周刊第6期发表《七君子案开审》,署名度。文章说:"民国以来的笔祸事件,不只一次,但最能引起社会人士注目的,还得数'七君子'一案"。"七君子里面,笔者只知道沈钧儒和李公朴,我们在大学教授聚餐时,会过几次。他们两位的'美髯',使我印象较深。至于韬奋,我们从来没有会过面,只有书信的往还,为的是我向他索文稿,他的回信总是说'不讲演,也不在别处发表文章'。结果我自己编的刊物始终没有得到他的著作登载。举这一事而论,便可知他终日埋头工作,为学术努力的情况了。他的著作,我倒是常读的,只觉得他的文笔,简劲得很。一篇文章起头几句,总是平平常常的;可是愈到后来,愈是有力,句句打在读者心上,而且句句话都是我们想说的,不过我们的笔难得写得那么出色。所以在国难严重的时候,一般爱国的国民,自然对他要顶礼膜拜了。此外还有一位,对于我的印象也深。那就是史良律师,她的住所距我的很近,我每天走过她的门外,总得抬起头来看看高悬着的那块律师牌子,同时也想起报上常常提起的她的那位年老的母亲。他们的案子,将在今天开审了。覆按他们从前发表的救亡言论,再把目前的情势对比一下,笔者觉得所说的话,并没有偏激的地方。例如现今的'团结御侮',也就是等于他们所说的'集中全国力量,抗敌救亡'。何况在西安事变、三中全会以后,情势变迁,政府正谋集中人材,开放言论,完成和平统一的伟业。全国国民,无人不相信这是事实。由此看来,从前他们所发表的救亡言论,如改在此时此刻发表,想来当局必能采纳若干部分,而不至于一概抹杀,甚至因此而获罪,这是毫无疑义的。"

6月18日,在《国民》周刊第7期发表短评两篇:《赈灾游艺会被禁》,署名度。文章谈上海学生为筹募四川旱灾赈款,在租界举行义演,但被指为"抗 X 意识"而不准,但"侮辱中华民族的电影《新地》却准上演,租界当局'薄于此而厚于彼'可知"。另一篇为《虬江码头开业》,署名宏。文章谈虬江码头的规模很大,可泊深水巨轮,但一旦发生战事,很可能被敌人利用。

6月25日,在《国民》周刊第8期发表短评:《邹敏初解京》,署名度。文章说,广东省政府委员兼国华银行董事长邹敏初因操纵金融解京查办,"上海一定也有邹敏初",有操纵金融的人。

7月2日,在《国民》周刊第9期发表短评《日本外交官的血型》,署名宏。文章就日本政府认为日本外交官的血液,只有属于 O 型的人才合格一事,评论说:O 型的人固然自信力强,但遇事刚愎自用,不顾正义。

7月6日,《言林》编辑室告白如下:"编者接到许多读者来信,希望本刊刊载几篇讨论具体问题的文章,恰好前几天有唐明、柳湜两位先生的大作,讨论到'国难与文化'问题,刊载以后,已引起文化界的注意,关于这一问题,编者希望在最近能告一结束,以后再讨论其他问题"。按:此指在 6 月底,唐明(王任叔)连续发表了一论、再论、三论《国难与文化》一书;7 月 2 日,发表柳湜的文章说:"《国难与文化》……是一本有缺点的书……但我不赞成……指派我作某一方的人,也不承认唐明先生那样判定我'帮助了汉奸'"。

7月9日,在《国民》周刊第10期发表短评二篇:《日要压迫我国留学生》,署名度;《国立大学联合招生》,署名宏。前文说:近来口人对我国留日青年学生往往无辜逮捕。我们要提醒当局保护留东的爱国分子,同时也要严防日本浪人及其爪牙在我国境内到处活动。后文说:国立大学因为收费较低,所以投考者极其踊跃。现在国立大学联合招生,学生报考机会只有一次,减少了录取机遇。希望国立大学不要把门关得太紧,令莘莘学子望"学"兴叹。

7月11日,《言林》编辑室告白如下:"本刊日前征求《农村服务经验谈》,承作者纷纷以大作寄投,至为感激——惜内容空泛者多……如用随笔体裁,描绘农民的甘苦和自身的经验,必能引起读者的兴趣,这一点请惠稿诸君特别留意"。

7月16日,在《国民》周刊第11期发表短评《撤销电影戏曲检查权》,署名度。文章说:近年以来,上海租界当局对我国产电影肆意摧残,凡有"九·一八"、"一·二八"等字样也要删除。话剧团体如在租界上演,同遭厄运。而日本拍摄的辱华影片《新地》之类,竟允许开演。上海各文化团体已成立"撤销租界电影戏曲检查运动会",向工部局提出严重抗议,希望全国文化界声援。

7月17日,在蜀腴川菜社参加上海书报杂志编辑界知名人士陈望道、王芸生、萨空了、施复亮、钱俊瑞等五十余人的聚会,决议筹备建立上海编辑人协会。

同日,《言林》出版"聂耳逝世二周年纪念特辑",发表了冼星海的《向你致最诚恳的敬礼》、麦新的《把我们的生活严肃起来》、钢鸣的《战斗的歌声》等文。

7月20日,张志让、郑振铎等人创办的《中华公论》月刊发刊,谢六逸被聘为特约撰稿人,并在创刊号上"当前文艺之路"栏发表《救亡是唯一大道》,署名谢六逸。文章说:"文艺的本身是可以独特发展的,但它不得不受政治、经济势力的影响。在政治未走上轨道,经济生活极端动摇的环境里,在文艺这一条大道上步行着的人,有的不免要中途折回;有的竟停滞不前了。

"但是我们并不失望,中国人的当前的任务,乃是团结起来挽救危亡,打倒侵略者。民主政治的实现,已成为大家的要求。今后文艺工作者的路,就是救亡,这是唯一的大道。说得具体一点:描写农村工场的小说、含着教训意味的历史剧、救亡的歌曲,都是大众所需要的。

"近年以来,因为时势的转移,读者与观众都有显著的进步。空虚的作品已为他们所唾弃,而我们的作家还有一部分停滞在个人主义的地带,这是很可惜的。所以今后作家的产品,如非坚实前进的东西,就不容易存在,不过自生自灭罢了。

"简单地说一句,短视的作家,看不见他自己的路。"

7月23日,在《国民》周刊第12期发表短评两篇:《宋哲元谢绝捐款》,署名徒;《鲁迅纪念委员会成立》,署名宏。在前文中,谢六逸说:"卢沟桥事件发生以后,二十九军下级干部英勇抗敌,顽寇的气焰为之稍挫,全国人民莫不感奋,尤其是一般劳苦大众,他们的薪给微薄,连养家活口也成问题;可是他们却愿意把血汗换来的金钱,三角五角的向报馆送。"但"宋哲元谢绝捐款,并且不在保定坐镇,指挥军事,却到天津租界,先吊日华北驻屯军司令田代之丧,后又与田代的继任者香月握手",文章最后呼吁宋哲元说:"将军啊! 我们希望你应战。"在后文中,谢六逸说:鲁迅纪念委员会成立,"对于工作的推进,更为便利。同时各方面提出的办法,也可以逐渐采行了。笔者以为纪念的办法,应分别缓急,逐步实施。如建立纪念堂、图书馆、博物院、购飞机等项,都是应该做的,只是非钱莫办,一时恐难筹集这么一笔巨款。只有列入第二步计划之内。其较易举办者,莫如唤起一般青年继续研究鲁迅的著作,使他的精神永远不朽。具体的办法,可由纪念会函告全国各大学的文科学生以及各地高级中学的国文教员,请他们自动发起'鲁迅作品研究会',这个办法如能实现,将来全集的销售跟奖学金的募集都可收辅车之效。不过最大的目的,还是在于散播'鲁迅精神'的种子,不知纪念会常务委员会诸君以为然否?"

同期,发表张志让致谢六逸信《到庐山去》(第一信)。"七·七事变"以后,蒋介石在庐山举行座谈会,邀请全国知名人士"共商国是",张志让应邀参加。临行前,谢六逸向他约稿,希望介绍"谈话会"的情况。张此信寄自九江,谈他旅程见闻与感触。

7月24日,《言林》上发表"代邮"如下:"王余杞先生的《在前线的后方》在本刊发表后,接许多读者来信,要求作者继续写下去。作者远在天津,编者已去函通告,不过目前形势之下,这种稿件能否和读者见面,全无把握,还得请赐信诸君见谅。《言林》编辑室。"按:王余杞的《在前线的后方》一文于7月16日和18日刊出,谈卢沟桥事变以后知识分子的反应,全文有三段被删。

7月25日,上海编辑人协会举行成立大会,到胡朴安、黎烈文等百余人,公推谢六逸为主席,胡愈之、顾执中等卅一人为理事,夏丐尊、柳湜、张明养等九人为候补理事。谢六逸报告筹备经过,并一致通过三点决议:"1.电请中央领导全国民众一致抗日;2.略;3.援助'申''新'二报驻津记者王研石被捕等提案"。(据《立报》)按:王研石数日前遭日军无理逮捕。

7月27日,谢六逸在《言林》"编辑室"中说:"在时局极端严重的关头,本刊愧不能体仰'我佛慈悲'的旨意,刊载一些敦睦邦邻的文章。近日有几篇特约稿,如王余杞先生的《忠义堂上》、何奏先生的《我们在公式下牺牲吗?》潜一先生的《以统一答复文化》,都因故不能和读者见面,编者对这几位爱护本刊的作者,谨表歉意。"

7月28日,上海文化界救亡协会成立,谢六逸被推为理事之一。理事包括蔡元培、张元济、茅盾、胡愈之、潘公展等各方面人士八十三人。

7月30日,在《国民》周刊第13期发表短评两篇:《日军任意拘捕华人》,署名度;《青年谈时事被捕》,署名宏。前文说:日军在天津除实行邮电检查,抢去招商局码头上价值百余万元的面粉以外,又将记者王研石和冯玉祥将军的前参谋蔡树堂逮捕,"而我们还是和平、谈判、撤兵"。后文说:先有几位青年在外滩公园唱救亡歌曲遭逮捕,后又有四青年因谈时事遭捕,我们应向租界当局抗议,保证不再发生类似事件。

同期,发表张志让在7月18日从牯岭寄给谢六逸的信,文章题目为《到庐山去》(第二信)。文章说:"海会寺就在五老峰的脚下,前面就临着鄱阳湖,恐怕可以算得庐山的风景中心了。进海会寺的外门,抬头就看见寺门上横书着三个大字:'真面目';

再抬头往上看,就是五老峰的正面……我临行之时,您叮嘱我把赴庐山所得的真面目写给您。您当然是指谈话的真面目。现在我既因时间等问题的关系,不能如命,就特地把我所认为是庐山本身的真面目写给您,希望可以咬文嚼字式地对您塞责。其余见面再谈。"

7月30日晚,上海文化界救亡协会召开首次理事会,谢六逸与胡愈之、张志让、潘公展等十五人被推为常务理事。推黎烈文负责起草时局宣言,并议决一些事务,如择期欢宴郭沫若、沈钧儒等。

8月2日,上海文化界救亡协会与中国文艺界协会二团体常委,中午假蜀腴川菜社欢宴郭沫若,出席者有谢六逸、樊仲云、赵景深、胡愈之、潘公展、陶百川等二十余人。

8月3日,在《言林》发表郭沫若《归国志感》诗手稿与罗伦的《郭沫若先生的〈归国志感〉》。谢六逸在写的"编者"附注中说:"昨日中午上海文化界救亡协会与中国文艺家协会两团体公宴郭沫若先生。席上郭先生朗诵诗作,并承书赠,特制版刊载,并乞参看罗伦先生文章。"

8月6日,在《国民》周刊第14期发表短评两篇:《光荣的牺牲》,署名宏;《治安维持会》,署名度。在前文中,谢六逸赞扬在南苑、团河之役牺牲的赵登禹和佟麟阁两将军,"他们之死,重于泰山,假使全国的上级军官,个个都有他们两位忠勇,不用说天津,就是东四省也不致于沦亡了。"在后文,谢六逸指出:"日本帝国主义侵略我国的方式,是要用低微的代价,取得最大的利益,最好是不劳而获。它所用的方法,就是军事、政治双管齐下。军事姑置不论,就政治说,它利用一般汉奸来捣乱;利用一般准汉奸在战时奔走和平,实行分化的策略。此次平津沦亡,就有所谓治安维持会的出现,他们盗用维持治安的名义",实际上则是日本的一种统治方式。

8月8日,上海文化界救亡协会、中国文艺家协会、宪政协进会、上海编辑人协会、剧作者协会于下午二时在尚文小学大礼堂开会欢迎郭沫若、沈钧儒等,到二千余人,谢六逸、张志让、胡愈之、诸青来、潘公展等为主席团成员。

8月10日,谢六逸与上海文艺界其他人士郭沫若、巴金、茅盾、郁达夫、应云卫等六十余人联名致电北平文化界,勉以抗战到底。

同日,上海编辑人协会为营救"申""新"两报驻平、津记者王研石,特发表宣言,将暴日摧残我文化情形,昭告世界。

8月13日,在《国民》周刊第15期发表短评两篇:《平津各大学南迁》,署名度;《恐日病》,署名宏。前文说,平津失陷以后,南开大学等校被敌人炸毁,我们应该下决心驱逐敌人出平津,不应有迁避心理。后文就上海人纷纷迁入租界评论说:全国上下应该赴难而不是避难,"我们相信恐日病的根绝,就在今日。"

8月14日,上海编辑人协会与其他百余团体举行联席会议,决定致电淞沪前线张治中将军慰问,并委托上海市商会转送支援物资,慰劳抗日将士。

同日,《立报》消息《救亡日报 即可出版》:"《救亡日报》定17日左右出版,内容注重战事与救亡运动新闻,短评由邹韬奋、傅东华、王任叔、谢六逸、郭沫若、夏丏尊负责"。

8月17—18日,在《言林》发表陈毅的《空军,全中国的眼睛都望着你》,连载。

8月20日,《言林》出版"廖仲恺先生殉国十二周年纪念专刊",发表何香凝、景宋、柳亚子、郭沫若、张志让等人文章。张志让的文章《纪念廖先生》说:这"在中日肉搏的今日有特殊的意义,他的主张也有特殊的作用"。

8月24日,《救亡日报》在上海创刊,谢六逸任编委。

8月25日,在《言林》发表信息如下:"编辑室:'二十日为廖仲恺先生殉难十二周年纪念,承史良、陈丕士、胡兰畦、陈波儿、黄定慧诸位先生赐稿,因本刊地位有限,未能全部刊载,甚为抱歉,附志于此,聊申谢意。'"

8月26日,作《需要切实的工作》,发表于上海编辑人协会的机关刊物《文化战线》第2期上,署名谢六逸。文章说:"这一次的抗战,只有耐心与持久,硬干到底,才能得到最后的胜利,因此后方的工作与前方的工作同样重要。"谢六逸指出:"我敢说一句,我们虽然在后方工作,可是我们的工作做得不切实,因为不切实,所以没有什么成效。"谢六逸同时列举了两个切实的例子,一个是纽约华侨的宣传方法,"华人所设洗衣作,以小册子附于衣袋中,分送各主顾,吁请美人援助中国,以抵抗日本侵略,现接到此项小册子者,已达数万人,华人洗衣作此举,已获有捐款若干万元。"第二个例子是上海各界男女青年志愿组成童子军,"全沪男女童军已经参加战时服务团的有1200名,现在各救护医院、各收容所,日夜都由他们担任救护和警卫,战争地带从真如到苏州,也全有他们负责运输、情报等工作,市上各商店运米、运煤,也得到童军随车监护。真的,童军已成了维持后方秩序的功臣。"谢六逸说:"童子军在平时也许不受人重视,但……他们不懂得'雄辩主义'、'风头主义'是什么,所以他们在必要时可以做一点切实的工作。"

夏秋间，修订复旦大学新闻学系课程设置大纲，规定"以灌输新闻学知识，培养编辑采访技能"，"养成本国报馆的编辑和经营人才"为目标。（据复旦大学新闻系六十年纪念册）

9月3日，在《言林》上发表《如何消灭汉奸》，署名宏徒。文章说："清末某君写了一篇《汉奸论》，为汉奸下了一个解释曰，'所谓汉奸者，助异种害同种之谓也。'我们要消灭的是真汉奸。消灭一个'投毒药入茶缸'的汉奸比较容易，因为茶缸旁边有民众。虽然不免有冤枉，但这要怪民众没有组织，过于感情用事。

"消灭黄秋岳之辈比较困难，他不仅会投'毒药'，他还会'迷魂汤'——他会作诗，也会写字，于是乎喜欢风雅的人大上其当；喜欢'道貌岸然'的君子的人，也大上其当。

"真汉奸或大汉奸容易放过，而嘴上留着小胡子，身材短小的人，不免挨打。因此我们要注重切实的办法。一、健全各种团体组织；二、清查大小公务人员；三、实施连坐法；四、非战区各地加强保甲组织；五、充实反间谍工作；六、奖励告发；七、奖励自首。（借救济事业营私舞弊者亦视为真汉奸，应密查若辈行径）"

同日，在《抗战三日刊》第5号发表《战时的新闻记者》，署名谢六逸。文章说："在抗战时期，新闻记者也是一名战斗员……需要消息的正确和意识的正确，然后可以借新闻的力量去鼓舞、指导并团结民众"，"对于流离失所的同胞的记载，把他们写得'污秽龌龊'，语言之间，俨然如秦人视越人的肥瘦，这种记载方法，也只有显出新闻记者没有一点同情心"。

9月10日，致邹韬奋信："九月廿日为敝报二周年纪念，拟恳撰写短文一篇，刊于《言林》"。同日，或此日前后，亦给其他作者写信,为《言林》创刊二周年约稿。

9月18日,在《言林》上发表"九·一八纪念特辑",刊登了屈轶(王任叔)的《再期以六年的苦战》、唐弢的《血的纪念》及郑伯奇、施复亮、任钧等人的文章。

9月20日,在《言林》创刊二周年之际,发表《编辑余墨》,署名谢六逸。文章说:"到了今天,《言林》已经生长了两年。就上海一地的报纸说,性质和《言林》相似的附刊,能够活到两岁,总算是长命的。因此编者约了几位作家,给我们写了几篇短文章。

"当我约稿的时候,我并没有限定题目。可是收到的几篇文章,作者不约而同,都写出他们对于本刊的印象。不但是期许殷切,而且过分的夸奖我们,我揣测这几位先生的意思,大约是鼓励我们,要我们再努力奋发,故此是暂不加以指摘,姑且夸奖几句,好让我们自己反省。

"两年以来,大家都喜欢到这里来说话,而且抢说在先,所说的又大多针对着现实,但仍不脱离文学的风格。因此才能撑持至今日,这是编者最为感激的。

"今后的《言林》永远是年青的,前进的,决不畏惧任何势力的残害。这一点我敢向爱护我们的先进和亲爱的读者报告。"

同日,在《言林》上发表了巴金的《我祝福〈立报〉》,邹韬奋的《同道相知》,屈轶的《祝〈立报〉二周年》等文章。巴金的文章说:"它的确告诉我一些真实的话,一些别处不敢说或不愿说的话"。"在《言林》里,大半是时代的呼声,而且是青年的呼声,短小精悍、活泼、热烈,是那些文章的特点。"邹韬奋在文章中说:"在十天以前,我就接到本栏编者谢六逸先生的一封拉稿信。"邹韬奋接着说:"为着做编辑,曾经亡命过……曾经坐过牢……始终不外是个穷光蛋……，但我至今'乐此不疲'，以我个人所经历的酸辛，根据'同道相知'的定律，我可以想像到《立报》诸先生的艰苦经营和谢六逸先生的苦心孤诣。""我记得二年前谢先生一手创办《言林》的时候，承他不弃，他给我一封拉稿信……未被他拉住，但是他最近被我拉了一下（谢先生替《抗战三日刊》第5号写了一篇很好的短文）"。"谢先生一拉，拉了整二年而仍未放手，这可以说是《立报》所以成功的努力精神的象征。"屈轶的文章说：《立报》读者广泛，"我要用我满腔的感激——一个国民的感激之情——为《立报》二周年祝福"，"年青的《立报》在炮火中顽强地生长下去吧！"

9月21日，在《言林》上发表了碧泉的《爱读者的话》和公衣的《〈言林〉的二个时期》。碧泉的文章说："《言林》编者谢先生要我为《立报》二周年纪念写点短稿"，《立报》"言论正确，充分发挥了舆论的作用"。公衣的文章说："我是不大喜欢它的前期的。《言林》创刊之初，虽然不至于用那种琐碎的各种各样的无聊的可笑的东西去给一般人消遣，以使他们离开严重的政治，离开生活里所发生的严重问题，但是它确是以轻松见称，有着幽默的倾向的，然而时代陶冶着它……使它面对现实，以笔墨的力量来努力于民族解放的任务。"

10月1日，在《文化战线》第4期发表《出版界动员问题》，署名毅纯。文章批评一些出版商听到"炮声一响，便赶将大门关上，不应停办的刊物也停办了，稿约也撕毁了"，呼吁"文化商人应具天良，不做守财奴。"

10月10日，制版发表郭沫若为《言林》题词手稿："炸裂横空走迅霆，春申江上血风腥；清晨我自向天祝，成得炮灰恨始轻。"题为《郭沫若先生近作》。此诗为郭沫若《归国杂吟》之七。

同日，上海文化界救亡协会举行理事会议，出席者50余人，议决下列各案：1.常务理事名额增至25人；2.理事会每月举行一次，常务理事会每星期至少一次；3.致电中央注意中意关系。

10月19日，下午三时，上海文艺界救亡协会及上海战时文艺家协会在浦东大厦六楼举行鲁迅纪念座谈会，谢六逸出席，到会的有许广平、周建人、胡愈之、茅盾、郭沫若等一百多人。会上决定正式组织文艺家救亡协会，公推谢六逸、郭沫若、郑振铎、巴金、陈望道等十一人为临时执行委员，并限二星期内召开成立大会。

同日，《言林》出版了"鲁迅先生逝世周年纪念特刊"，发表了唐弢、陈伯吹、蒋天佐三人纪念鲁迅的文章。

10月20日，在《言林》发表郑振铎的《一件感人的故事》，谈鲁迅抱病编辑瞿秋白的《海上述林》之事，这是谢六逸为纪念鲁迅逝世一周年而组约的文章。

11月1日，《文化战线》从第7期起，谢六逸补选为编委。

11月3日下午，谢六逸出席上海文艺界在新雅酒楼举行的座谈会，但是国民党人士有预谋地夺取了会场，召开同名的"文艺界救亡协会"会议。谢六逸等一批人士退场。国民党把持的会议通过了"组织大纲"，发表了"宣言"。

11月5日，在《国民》周刊第17期发表评论：《关于保卫大上海》，署名谢六逸。文章说："被侵略民族的自卫战争是无所谓失败的，如果继续抗战，偶遇挫折，也还是胜利。惟有停战或者抗战的意识不坚定，让敌人可以有喘息的机会，那才是真正的失败。

"十月廿七日，我军从大场、江湾、闸北，移至第二道防线，这不过是战略的撤退（Strategic retreat），与阵容的修改（Rectification of the line），在全面抗战的过程上，等于开场的序幕，不能遽然断定什么得失，更用不着焦急忧虑。……根本的问题，在于加强上海市民政治认识和抗敌意识，全市的工人、农人、商人，以及学生都应该组织起来，努力于扫除汉奸、经济绝交、武装自卫的工作。更要赶快恢复军队里的政治训练部，作为团结武力与民力的机构。军民双方的精神团结一致以后，纵令我们的军队再有战略上的撤退，仍可以依赖后方的民众来保卫大上海。"

11月6日，谢六逸与郑振铎、郭沫若、田汉、王统照、巴金、陈望道、欧阳予倩、傅东华、汪馥泉等三十一人在《大公报》发表声明："我们对于本月三日在新雅成立的文艺救亡协会并未预闻"，披露了11月3日的那次事件。

11月7日，《言林》出版"苏联革命二十周年纪念特刊"，发表了陈望道、贝叶、王统照、郑森禹、倪文宙等五人的纪念文章。

11月19日，《国民》周刊第19期出版，谢六逸在短文《编辑余墨》（署名纯）中说：上海已经陷落，但"本刊将继续奋斗下去"。由于日本侵略者压迫上海租界当局"取缔反日机关及言行"，《国民》周刊不得不被迫停刊。以后，《国民》周刊与《世界知识》、《妇女生活》等出版了"战时联合旬刊"，计4期。

11月25日，因12日上海南市沦陷，13日上海全部失守，《立报》于25日起亦被迫停刊，计划迁到香港复刊。

12月，谢六逸携家眷与《立报》负责人严谔声、萨空了同乘意大利邮船康特凡梯号到香港。临行前，郑振铎到谢六逸家送行:"房里家具凌乱的放着,一个孩子还在喂奶,他还是那么从容徐缓的说道:'明天就要走了'。""那么远迢迢的路,那么艰难困顿的途程,他和他的夫人,携带了自十岁到抱在怀里的几个小娃子们走了,那辛苦是不用说的"。(郑振铎《忆六逸先生》)到香港以后,谢六逸遇见先行到达的茅盾。由于《立报》香港的复刊日期未定,谢六逸就携家眷经广西返回贵阳,住圆通寺(现名圆通街)其妹夫家的余屋。

年底,在一次宴会上与蹇先艾相识,并认识诗人李独清。蹇先艾后来回忆当时的情景说:"那时我住在贵阳院前街藏书丰富的老诗人李独清同志家的外院……但他每隔一二天,总要到上海迁来的大夏大学去上课。我住的那条街是他的必经之路。……有时下课较早,他照例要到我家来坐坐,共话诗文,或者同到同院李独清家去翻阅他收藏的那些古本珍书,共同欣赏"。(《一个对人民有贡献的人——纪念谢六逸同志诞辰九十周年》)

1938 年(民国二十七年)　　　　　　　　　40 岁

3 月,中华全国文艺界抗敌协会在汉口成立,发表《中华全国文艺界抗敌协会宣言》。

6 月,胡愈之主持的《鲁迅全集》由复社出版。

10 月,国民政府由武汉迁都重庆。

12 月,汪精卫等叛逃到河内,发出艳电,要求承认"满洲国",与日本恢复"和平"。

年初,应刘方岳等人邀请,到"社会科学座谈会"(简称"社座")讲课。这个座谈会由贵阳生活书店邵公文与郭一岑、刘方岳、蒋仲仁等组成,目的是对青年"提高革命理论,以指导实际运动",1937年冬成立,持续到1940年上半年,当时任贵阳中学教师、后来任文通书局编辑所秘书主任的蒲定安亦参加。(据刘君卫的《忆父亲刘方岳先生》等文)

2月,与蹇先艾、齐同、李青崖、张梦麟、刘熏宇、施农(王诗农、林辰)等结成每周文艺社,在《贵州晨报》上创办副刊《每周文艺》,公推蹇先艾任主编。这个副刊办了一年。后来蹇先艾回忆此事说:"1938年,我们几个爱好写作的朋友,齐同、李青崖、张梦麟、刘熏宇等,在《贵州晨报》办了一年的《每周文艺》(1940年2月初,报社被日机炸毁,随之停刊),这是六逸热心首先发起的。刊物虽小,多少做了一些抗日的宣传工作。"(《一个对人民有贡献的人——纪念谢六逸同志诞辰九十周年》)副刊"由我负责编稿。我想借这个周刊,使几个熟朋友常常有一个聚谈的机会。六逸写文章很矜持,到重庆复旦去了一趟回来之后,仅仅在《每周文艺》上发表过两篇《还乡杂记》,署名鲁愚。他还附了一封信说:'近来实觉无话可说,讲义式的文章太沉闷。《每周文艺》我只好写点感想补白,署名请用鲁愚,原因面陈,拙稿可以连续写下去……'原因后来并未'面陈',稿子他也没有续写,大约是课忙的关系。……廿八年二月四日敌机轰炸贵阳,《每周文艺》也随《晨报》被毁"。(《我所认识的六逸——悼谢六逸先生》)

春,复旦、大夏两大学组合的第二联合大学分家(在贵阳的一部以大夏大学为主体,在重庆的以复旦大学为主体),谢六逸入川,在重庆北碚复旦大学任教一个学期。

3月中下旬,在重庆遇叶圣陶。叶圣陶3月22日致上海王伯祥、徐调孚信:"六逸已在公共汽车旁遇见,彼此只说了三四句话,再想去会他,而旅馆房门关着。他大概将常居北碚,他是系主任也。"(叶圣陶:《我与四川》)

3月27日,中华全国文艺界抗敌协会在汉口正式成立,共选出理事45名,谢六逸是其中之一。(据《新华日报》1938年3月28日)

4月初,又遇叶圣陶。叶圣陶4月8日致上海夏丏尊信:"上星期往北碚……六逸已自贵阳来北碚,与另一教员同处一室,两榻一桌外,他无长物。"(叶圣陶:《我与四川》)

7月16日,晚,中华全国文艺界抗敌协会(简称文协)出版部在汉口三教街9号举行第一次会议,出席老舍、白薇、穆木天等人,谈及"贵阳方面,谢六逸来信预备成立分会,已由总会复信,由谢六逸等积极负责筹备。"(据《抗战文艺》第2卷第2期,1938年7月23日)

7月,复旦大学新闻学系学生刘湘藩毕业,谢六逸介绍他到重庆《新民报》工作。1988年秋贵州省文联等单位举行谢六逸九十周年诞辰纪念会后,刘湘藩于12月1日在《贵州政协报》上发表一篇《缅怀吾师六逸先生》,文章说,刘湘藩于1934年8月考入上海复旦大学文学院新闻学系,"我在上海复旦大学攻读至三年级,曾在他的领导下,主编过复旦校刊。在贵阳成立复旦、大夏第二联合大学时,我继续读四年级上学期课程,在学习空余时,他和章益教授叫我在教务处帮助工作;在贵阳的复旦、大夏第二联合大学分家后,复旦大学迁往重庆北碚,我继续四年级下学期课程,仍在教务处帮助工作。1938年7月我毕业复旦大学

168

后,谢老师即介绍我到重庆《新民报》工作。……（他）主编《文讯》月刊时,又叫我协助他编辑《文讯》月刊。我追随老师学习、工作十一年"。

8月,谢六逸因患胃病,离开复旦大学,返回贵阳到大夏大学任教,此前,大夏大学校长王伯群曾电邀他到大夏大学。离渝前,复旦大学新闻学系师生在北碚夏坝欢送,并摄影。

到大夏大学以后,先为教授,后任文学院院长,题名校务会议、教务会议和训导会议委员,兼任文史研究室和社会研究部主任。以后,这两个机构在《贵州日报》上分别出版了《文史》和《社会研究》两个学术性专刊,前者曾刊登过谢六逸的《人类文化学导言》(《人类文化学》是他计划写作、但未完成的一部书稿)及《山居杂咏》旧体诗三首,以及陈旭麓教授的《司马迁的历史观》等文,出版了 11 期。《社会研究》出版了 55 期,主要刊登对贵州各民族及其民俗的调查研究。这两个专刊后来均被《贵州日报》以调整副刊为由停办。在大夏大学谢六逸先后开讲中国文学史、欧洲近代文艺思潮、新闻学和专书选读——《庄子》、《诗经》等。他讲《庄子》时,歌颂自然无为之美,痛斥人为政府之腐败,在学生中留下深刻印象。讲《诗经》时,曾把一本《诗经》剪开分给同学,要他们译成现代汉语,学生贾仁华用民歌译《静女》为:"妹脸团团手尖尖,相约等我城墙边……"谢六逸颇为赞赏。在新闻学教学中,有一次学生宿舍失窃,他就叫学生去采访,作为实习;他还告诉学生,复旦新闻学系学生有一次机智地闯进南京国民党重要会议采访的故事。他曾在课堂中谈及从重庆返回贵阳途中,目睹抓壮丁的惨景,他说:"连饭也吃不饱,怎能打仗?"他告诫学生毕业后回乡要做对公众有益的事情,不要去当"大公"。他曾谈及在大年除夕地主到农民家讨债、逼租的事情。

在大夏期间,曾先后介绍毕业生和在校同学斐午民、陈才工作或向报纸投稿,又介绍对绘画已有一定造诣的方晓时、张祖荫给在四川的画家朋友滕白也。现从斐午民的《怀念恩师谢六逸先生》(载《学府纪闻·私立大夏大学》,台北市南京出版公司 1982 年版)中摘录一些情况,以见谢六逸对学生的爱护。1942 年春,斐午民在失学四年以后,到大夏大学继续学业,"犹记得我复学时为三年下期,离毕业时间不远。斯时大学毕业,尚须写论文,先生于上课时,尝提醒我等写论文宜早作准备,免临时交不出来,影响毕业,盖知当时流亡学生之苦境也。我当即遵照指示,于三十一年暑期提出论文题目及写作纲要,经先生指示参考书籍,提供意见,并借我珍贵资料,使我如期完成。三十二年……夏我毕业时,本想赴重庆找工作,但苦无川资,故迟至八月,工作尚未决定,先生闻讯,乃告知同学转知我去文通书局找他,盖文通尚有工作机会也。"

在大夏大学文学院中文系读书的一名女生姚维钧,谢六逸对她同样照顾。在谢六逸去世以后,姚与谢家仍保持联系,对谢的长女给予帮助。①

---

① 姚维钧(1909—1968),上海浦东南汇县人,原名"薇娟",后来从《诗经·小雅》中的两句"秉国之钧,四方是维",自己改名维钧。她在江苏省立淞江女子中学毕业后,在本地从教。抗日战争爆发以后,辗转到达贵阳,进入大夏大学。1942 年 7 月毕业以后,到重庆与黄炎培结婚。姚有文采,善作旧诗,书法也佳。黄炎培访问延安回到重庆所写的《延安归来》(1945 年 7 月发表)一书,由黄炎培口述,姚维钧执笔而成。姚在"文革"中(1968 年 1 月 20 日)因备受折磨,遂以死抗争。(黄方毅:《黄炎培夫人姚维钧,〈延安归来〉执笔人》)

9月，为《二十年来的中国文学》作《附记》说："本文为五年前在学校讲授《中国文艺思潮》讲稿之一章，谫陋殊甚，本刊（按指《新大夏》月刊）编辑先生索稿甚急，因旅居僻邑，又困于俗冗，无暇增润，希望阅者以'资料'视之"。《二十年来的中国文学》刊于1938年11月1日出版的《新大夏》月刊第1卷第3期，署名谢六逸。他同时被聘为《新大夏》特约撰稿人。

10月初，提议在贵阳举行鲁迅逝世纪念会，但遭受到禁止。李独清回忆说："1938年……在10月19日前两周，他约集了一些朋友，在住宅商谈。我与蹇先艾同志去参加了的。商谈的结果，无不赞成他的提议，因此还派定了各人应做的工作，并约定次日早饭后，在他家中开始筹备。第二天我按约定的时间去了，但房门关锁，阒寂无人，我感受到惊讶。归途遇见谢先生，他说：'昨夜你们走后，黄国桢（国民党省党部主任委员）来警告我，叫停止开纪念会，我们决定停下来，以后有机会再举行'。"（《回忆谢六逸》）

本年，在《每周文艺》上发表两篇《还乡杂记》，署名鲁愚。

1939年（民国二十八年）   41岁

5月，汪精卫在日本特务保护下，由河内到达上海，旋去日本，商讨筹组伪政府事宜。

9月，英、法对德宣战，欧洲大战爆发。

2月4日，日机轰炸贵阳，《贵州晨报》馆被毁，《每周文艺》停刊，共出版51期。谢六逸全家为躲避日机轰炸，从城内迁居西郊花果园,以后又迁居华家山的华家祠堂。谢六逸全家生活从此十分困迫,有时不得不搭吃一些野菜和豆腐渣。

2月24日,谢六逸给在遵义的蹇先艾写信说:"二·四之祸,舍间旧宅被毁于火,亲故流离,凄惨殊甚"。蹇先艾说:"他那一次的难过是可以想像的"。(《我所认识的六逸——悼谢六逸先生》)

4月1日前,中华全国文艺界抗敌协会"总会为了团结全国作家,加强抗战文艺宣传起见,由理事会通过组织部的建议,选……谢六逸、蹇先艾、张梦麟为贵阳分会筹备员……"。(据《抗战文艺》第4卷第1期,1939年4月1日)又据蹇先艾回忆说:"廿八年,重庆文艺界抗敌协会来函,希望我们在贵阳组织分会。六逸关于这件事是最热心的,和我交换了好几次意见。我用六逸和我的名义在贵阳大西门外同乐社召开了一次座谈会,但是他搬下乡去了,根本没有收到我的通知。那天李青崖、张梦麟先生也没有来,只到了王亚明先生、刘薰宇先生和我三个人,大家谈了一阵闲谈"。(《我所认识的六逸——悼谢六逸先生》)

4月1日前,出任主编《抗建》半月刊,这是国民党贵州省党部主办的一份以时事政治为主的综合性刊物,相当于现在的16开本,每期40—50页不等,原计划每月1日与16日出版,后来因纸张与印刷费用高涨,经费不足,就成为不定期的刊物了。谢六逸出任主编以后,便向各方面约稿,蹇先艾回忆说,"一定要我投稿,我便写了一篇《毁》寄给他,记载我编的《每周文艺》被毁的情形"。(《我所认识的六逸——悼谢六逸先生》)蹇先艾的这篇《毁》刊登在《抗建》的第1卷第4期上(5月16日出版)。先后在《抗建》各期刊出的有李仲平、张定华、冯玉祥、吴凡、萧军、刘薰宇、陈铭德、邹质夫、施农（林辰）、陈子展等人的文章。

4月1日，《抗建》创刊号出版，《创刊辞》署"本社同人"，摘要如下："我们深信：人类的文化是随着战争而进展的。战争虽然残酷，可是由于战争激发出来的创造精神也是最伟大的。刚强有为的民族，往往在大破坏之后，完成他们大建设的丰功伟业，这些在史册上已不乏先例。

"我们并不畏惧战争的破坏性。自有人类以来，战争的年代多过于和平的年代。据军事学者的统计，从公历纪元前1496年到纪元后1861年，这三千三百五十七年之间，世界上完全和平的年代，只有二百二十七年，而战争的年代竟占有三千一百三十年之多。真正的和平原是我们所企望的，不幸这些年来国际间的和平，不免是虚伪的，也就是大多数民族受着重压所换来的和平。……这一次我国对敌人的长期战争，绝不是偶然的，乃是全国民众对日本帝国主义者作最后清算的战争。中华民族自有历史以来，这是最初一次的全民抗战。我们不愿祖先缔造的锦绣河山沦陷敌手，不愿做敌人的奴隶，我们只有用血来洗去民族的污点，用我们的血写成历史的新页。我们大家都生逢其时，接受了这光荣神圣伟大壮烈的任务。……现在都承认抗战胜利和建设成功是共同的目标，但这目标的达到不是容易的。如果我们要推动事业，改造环境，只有沟通文化各部门的工作，使它和这一个目标联系起来，同时发挥舆论的力量，好让陈腐的废除，新鲜的萌芽。基于上述原因，在战争的环境中产生了本刊，但同人等的力量有限，切望大家都肯来支持这个刊物，使它对于抗战建国能够有所贡献。"

4月9日,下午2时,重庆,中华全国文艺界抗敌协会举行第一届年会,谢六逸被选为外地的15名理事之一。(《抗战文艺》第4卷第2期,1939年4月25日)

4月26日,谢六逸在萨空了下榻处,会见赴新疆途经贵阳的萨空了。萨空了回忆说:报上登载了我的消息,"谢六逸兄先自己来找了我,一个大胖子居然瘦了许多,这瘦完全说明了二年来他的遭遇。长谈之后,说了许多老朋友的近况,他很感兴趣。"(萨空了:《由香港到新疆》)

秋冬,学生舒宗侨、封季壬路过贵阳时曾拜访谢六逸。"记得1939年秋冬,我曾经路过贵阳,和新闻系同学舒宗侨一块去重庆,在贵阳特地去采访了谢六逸老师,他留我们吃了顿晚饭,谈到战时生活,看来他虽在家乡,而战争前途渺茫无期,生活不宽裕,心境似不佳,未想到这竟是最后一面"。(凤子:《我的几位师长》)

1940年(民国二十九年)   42岁

3月,汪伪国民政府在南京成立,汪精卫自任代理主席;蔡元培在香港病逝,享年72岁。

9月,德、意、日三国政府代表在柏林签订军事同盟条约。

1月8日,谢六逸给在修文县的蹇先艾写信说:"文协分会组织失败,大家都觉得不好。寒假中弟不下乡,可以分出时间助兄办好此事。不过约会员要注意,狭义一点好,最好多约青年写作者加入,方有生气,李、张(江按,指李青崖、张梦麟)二兄已面

174

谈过,总之,专候兄来筑商量。"(蹇先艾:《我所认识的六逸——悼谢六逸先生》)

2月18日前,蹇先艾回信谢六逸,对于他"提出的两个原则,完全同意。六逸单枪匹马便在贵阳进行分会的工作,开了三次筹备会",并接连写了二次快信催蹇先艾于文协成立大会前赶到。(蹇先艾,同上文)

2月18日,中华全国文艺界抗敌协会贵州分会成立,到会员与来宾等一百多人,蹇先艾回忆当时的情景说:"我居然赶到了,参加那天的主席团,当选为理事之一,并在《贵州日报》和《中央日报》各出一个特刊。六逸写了一篇筹备分会的经过,我写了一篇《我们的新的战斗堡垒》。那天会员与来宾到了一百多人,(诗人)汪静之先生也临时赶来参加。六逸把这个大会办得有声有色。以后文协分会便在《贵州日报》附出了半月刊《文协》,先后出了十几期(江按:实为31期)。终于会里的重要会员因为职业的地点的变更,都分散到别处去了,只有六逸一个人留在贵阳,文协的工作慢慢地就走入了停滞的状态之中。这件事,六逸常常来信提起,我也爱莫能助。"(蹇先艾,同上文)

谢六逸在《文协》的《创刊词》中说,文协会员要在神圣的抗战中负起责任,将手中的笔作为武器,贡献自己的一份力量。《文协》共出版了31期,谢六逸先后在《文协》上发表了《浮动性文学》(他准备写、最后未完成的一书《集纳主义论》的引言)和《鞭子与糖元宝——讲给孩子们听的故事》。

林辰回忆说:"十九年春天,文协贵阳分会成立,谢先生便是实际上的负责人。由于环境的万分困难,文协工作没有得到顺利的开展,除了借《贵州日报》副刊的地位每月发刊《文协》两次

而外，别无其他活动。但因为有谢先生在，在精神上，贵阳文协分会总算是持续下来了。"（林辰：《忆谢六逸先生》）

又据《抗战文艺》第7卷第2—3期合刊（1941年3月21日出版）登载的文协成立三周年时的组织概况："成都分会之负责者为李劼人，贵阳分会之负责者为谢六逸、王亚明、蹇先艾、张梦麟等"。

2月，1937年7月以前所著的《日本的文学》（上、中、下三册）一书，由迁到长沙的商务印书馆出版，署名谢六逸。全书分五编，计十三章，首为总论，次按诗歌、小说、戏剧、散文四门分述。谢六逸在《编例》中说：此书撰述时，"友人张香山、魏晋留学东京，曾协助搜集资料"，"附志申谢"。

又，此书附有谢六逸于1937年7月1日"识于上海"的一篇《〈日本的文学〉自序》，摘录如下："近来常听人说：'我们不要把日本的国力估量得太高，也不可估量得太低'，其实估量得太高或太低，都是大可不必的，因为估量得太高，就无异于表示自己的'怯'；估量得太低，就是表示自己的'骄'，怯与骄都是不行的。

"我们对于日本的文化，把它估量得过高的人，可以说居极少数；把它估量得过低的，却不免大有人在。把日本文化估量得过低的人，不是说日本全无文化，就是说日本的文化是抄袭中国或欧洲的，因此抱着轻视的心理，不肯虚心去研究它，了解它，这种态度也是不行的。"谢六逸接着说，关于研究日本的态度，在过去的贤哲，应该钦佩黄遵宪，他认为不能"足己自封，于外事不屑措意"；谢六逸又说："在现今的学者之中，我认为周作人（岂明）先生的态度，最为公正平允，也是我们应该钦佩的"，因为"日本在中国的暴行，原是野心的侵略者所主动的，看了周先生的话我

176

们更明白。在那边的民众尽有我们的同志,他们迫于侵略者的淫威,原也无可如何,如因此把日本的文化一概抹杀,便不是客观的态度。"在谈及自己对日本文学史的研究时,谢六逸说:"编者所取的态度,纯以客观为立场,就是既不夸张,也不抑贬。日本文学的原样是怎样,编者就还它一个怎样。因为,文学是人类所共有的。日本的国民文学,原是世界文学的一环,这其间原没有什么民族恩怨,这本书就是在这个观点上写成的"。

8月1日,《抗建》第2卷第4期出版,谢六逸在《编者的话》(据现在掌握的资料,这份刊物仅本期有《编者的话》)说:"本刊现在差不多已有两年的历史了。在这两年当中,我们荷蒙许多作家和读者们的爱护与培养,使这一个在艰苦中呱呱坠地的刊物,得以渐次滋长起来,这是编者首先应该在这里表示出十二万分的感奋的。

"本来,本刊是个定期刊物,早经规定每逢一日及十六日出版的,但因为纸张、印刷费用的高涨以及出人意料的贵阳印刷的困难,使我们不得不被迫放弃了原来的计划,而暂时只有不固定出刊的日期了。最近辱承各地读者的来函垂问,要求订阅,真使我们感觉到无上的惭愧。不过,编者得在这儿向亲爱的读者诸君说一句确切的话,本刊今后无论处境怎样艰困,我们是有决心继续地把它维持下去的,同时,只要印刷能够稍为方便一点,我们也决心极力想方设法以恢复原来的出刊日期,使它成为一个半月刊。

"其次,关于内容方面,编者也想在这里说几句话。本刊是个综合性的刊物,各方面的文字,只要具有内容,我们都一律采用了的。不过,编者究竟学力有限,舛谬肤浅的地方,必定难免,希望读者不吝予以指正。"以下文字是对第 2 卷第 4 期的内容所作的介绍。

本年,所编的《通讯练习》,由上海申报馆列入新闻函授学校讲义之四出版,署名谢六逸。全书 280 页,共 8 章:第 1 章《通讯事业概况》,简介了英、法、苏、日、德等国的通讯社;第 2、3 章讲述通讯文字和通讯写作的准备工作;第 4 章至第 7 章分别叙述地方通讯,地方通讯员的采访工作,国外通讯及军事通讯,并附通讯实例;最后一章为《结论》。

1941 年(民国三十年)   43 岁

1 月,"皖南事变"发生。

4 月,日本帝国主义操纵的"东亚文化协议会"在日本京都举行。

10 月,日本近卫内阁倒台,原陆相东条英机出任首相。

12 月,日军偷袭珍珠港,太平洋战争爆发。

2 月末,林辰去重庆前,曾到谢六逸处辞行,林辰回忆说:"他表示希望我不走,我清楚地记得,他用了'深自韬晦'四个字劝我留住,但我终于走了。我初来重庆时,我们也常通信。那时国内的情形已非抗战初期可比,再加上熟人们多已星散;他在精神上极为落寞。"

"有时谈到社会各方面的黑暗倒退的种种现象,他总是痛心疾首地表示憎恶。记得有一次提到 XX 大学的校长时,他说:'那只是一个党棍子罢了,他懂什么教育!'"(林辰:《忆谢六逸先

生》)

3月16日,抗战后筹备的中国新闻学会正式在重庆成立,上午开成立大会,下午开会员大会,选出理事19人,谢六逸、王芸生、程沧波、于斌、潘公展、张季鸾、董显光等11人选为第一届监事。(《中国新闻学会年刊》(一),1942年4月,重庆)

3月27日,林辰自重庆给谢六逸写信,推荐黎子耀译的《新土耳其》一书给文通书局。

4月13日,谢六逸给林辰复信,全文如下:"诗农吾弟:别后未接好音,正深驰念,忽奉上月廿七日来信,慰甚。黎子耀先生尚未将稿寄来,所译《新土耳其》一书,不知从前有人译过否,记得坊间曾有同名之作,俟稿送来即交文通书局。园东先生辞职,其通信处请告知,以便通信,或将仍请伊返大夏,此意可否由弟代为转达,作为探询之意何如?前介绍宗新先生译稿一件,已刊于《文协》十三期(附寄),有薄酬三元,不知应寄往何处,亦请示知为感!久居贵阳,颇为沉闷,兼以友朋四散,愈感索居之苦耳!望常来信,以慰远怀!匆匆,顺祝 安好!"

5月23日,在《贵州日报·社会研究》发表《社会研究部工作概况》,署名谢六逸、陈国钧,此文向社会各界汇报大夏大学文学院所属社会研究部以往的工作概况和以后的计划——着重于苗族等少数民族文化教育的普及。因谢六逸为文学院院长兼社会研究部主任,故此文亦署名。

6月,与贵阳文通书局负责人华问渠和大夏大学总务长马宗荣一起筹建了文通书局编辑所。文通书局于1898年由茅台酒厂老板华之鸿创办,含意是"文以载道,通达心灵",先以翻印古籍和印刷一般印件为业务,后亦代销上海大出版社出版的教科书。抗战开始以后，大学内迁，大批文化人集中到西南地区，文通书局总经理华问渠抓住机会，组成了编辑所。华问渠之婿蒲鸿基回忆说：文通书局"一变而为与国内在沪上久已驰名的几大出版机构如商务、中华、正中诸家并驾齐驱的出版单位，是在对日抗战的中期1939—1940年间。当时贵阳已是抗战后方的一个交通枢纽。国内京、沪、平一带的学人与学府均先后迁到黔川滇三省，如交大、浙大之迁贵州，西南联大这个北大清华的合身之迁于云南，中大及其他著名大学之迁往重庆等"。"编辑所主任由马宗荣担任，蒲鸿基为秘书主任……并由马君约请谢六逸为编辑副主任"，"社会经济部门由编辑主任负责，文学艺术部门由编辑副主任负责，并由六逸君主编文通喉舌刊物《文讯》，外文部门由秘书主任负责，理科部门由贵大教授张永立负责。宗荣、六逸、永立、鸿基四人即常务编审委员会成员，亦即编辑所之核心。……文通系当时首先出版莎士比亚全集之出版人，全稿系由鸿基同学、友人曹未风翻译，由沪上寄黔，经主理外文部门常委及六逸常委审阅出版。……六逸所负责的《文讯》，系渠与在遵义的浙大教授张其昀合编，全稿到局后，六逸负责编审出版。《文讯》是六逸构思的产品，抗战期间，该刊物负起后方文坛联系的任务，复刊载一些有时代性的译著……发刊词系六逸撰写。"（蒲鸿基：《文通书局编辑所》，载《出版史料》1991年第4期）

马宗荣在《本局增设编辑部的动机及其动向》中谈了编辑方针及编辑计划："本局编辑部之编辑方针，在阐扬三民主义，介绍专门学术，并求学术之社会化，全民化，增加民众之民族意识、国家观念、建国信仰，提高民族文化，促进民众之现代常识，兼负整理流通地方文献之责。故本局编辑初步计划,拟(一)编辑民众读物,以阐扬三民主义、民族固有道德、现代日用常识、简易国防知能为内容;(二)编辑中学生预习、复习、自学辅导图书,以提倡中小学教育之自学辅导化及学习彻底化,借以增高中学生之学力;(三)访求国内各大学及专科学校教授之名著,辑成大学丛书,以增加适合国情的中国人自编之大学用书,以为我国发展高等教育之一助;(四)编辑各种字典、辞书、手册等类工具图书,以供各种专门人才之用;(五)辑印有关贵州文化之乡土文献并编著有关边疆民俗图书,俾地方文化典籍,得因以流通。其他时论著述、新思潮图书,本编辑部亦极重视。"

马宗荣、谢六逸两人又共同代表文通书局向全国各方面知名人士发出信函,组成了包括竺可桢、茅以升、张孝骞、欧元怀、曹未风、冯友兰、贺麟、萧一山、苏步青等112人的编审委员会。以后,文通书局实际出版了14种丛书,为:《新闻学丛书》、《经世社丛书》、《国际时事丛书》、《大教育家文库》、《大学丛书》、《中学复习授验丛书》、《社会福利设施丛书》、《苗夷研究丛刊》、《公医丛书》、《实用科学丛书》、《语文学丛书》、《文艺丛刊》、《应用心理学丛书》、《中学自学辅导丛书》等。

7月23日,在《贵州日报·社会研究》发表《文化人类学导言》,署名宏徒。

8月4日,在《贵州日报·妇女工作》发表短评《再接再励的第五年》,署名逸。

8月18日,致蒲定安(鸿基)短简,介绍汤念亮参加校对工作:"定安兄:兹介绍汤念亮君担任校对(前言陈君暂不能来,故改请汤君),拟即日上山工作(全日),烦通知陈奉吾先生为祷,此

请 道安！弟 六逸启"

10 月 10 日，主编的《文讯》月刊发刊，发表《创刊辞》，署名逸。此文表达了谢六逸对抗战形势和后方文化工作的看法，全文摘录如下："在抗战初期，浅识之士不免怀着畏怯的观念，以为战事一起，不惟城市化为丘墟，我国的文化也将全部毁灭。但四年以来，说明这种杞忧是错误的。兵燹之中，我们的城市遭受敌寇的破坏何止千百次，然在破坏以后，我们却有力量随即建设起来。至于我们的文化呢，在战争中不惟没有停滞，反而显出了它的特征，例如教育、工业、出版事业等，都能适应战事的需要，本着不屈不挠的精神，在后方树立坚固的基础。敌寇的炸弹何尝能够阻遏我们的进展。

"从前我国的学术文化机关多集中于大城市，战幕既揭，公家私人所藏图籍，首当其冲者多化为灰烬，或被劫以去。牛弘所说的'图书五厄'，已可见于今日。重翻易安居士的《金石录·后序》，不禁同慨。可是今日已不同于汉末南宋，我们的文化中心已经分布到后方的重要据点，我们的《四库全书》也搬进了山洞，过去的损失不难运用现在的人力物力重新弥补，期必做到失之易而得之亦易的地步。战争的毁灭性虽大，我国优美的文化是敌人所破坏不了的。

"出版事业的兴衰足以代表一国文化的升降，而今日贵阳已成为后方的重镇。本局同人有鉴于此，拟订编辑计划，按期出版，使精神食粮无论在战时战后，都能够接济不断。不过出版事业与教育事业的性质都同属于社会文化事业的范围，不是少数企业家的力量所能包办的，必有赖于文化界全体人士的合作。欲得文化界的援助，必须有一个在精神上彼此互相沟通的机关。

182

德国社会学家邓尼斯氏分人类社会为利益社会与共同社会，前者的结合以共同利益为目的，如企业公司、同业工会、校友会、同乡会、政党等属之。后者的结合以"血族"或"居住土地"的互相爱好为基础，结合的目的不在于向对方得到什么利益，纯由于人类的本质而来，如家庭、邻保等属之。但无论属于任何一种，如果缺少在精神上彼此沟通的出版物，其精神必涣散，其团结必松懈。政府有公报，商会有商报，政党之有机关报，团体之有壁报，其用意不外乎此。

"本刊原名《文通书局通讯》，略称《文讯》。其目的在集思广益，刊载学术论著、文艺作品、名著提要、文化动态以及其他与出版事业有关的文字；同时借以披露本局的出版消息，成为出版者、著作人、读者三方面在精神上彼此互相沟通的机关。"

抗战胜利以后，在上海主编《文讯》的臧克家在第 7 卷第 1 期的《写在卷首》（署名编者）中对谢六逸编的《文讯》曾作如下介绍："创刊号底篇幅是 32 开 24 面，后来逐渐增加到 60 面。第 3 卷版式放大，改成 24 开本，面数增加到 64。第 4 卷第 1 期版式再放大，面数增加到 68，同时也很显著地增加了文章内容的重量。拿这一期的样子来看，本刊实有很大的发展。不幸这时战局形势底逆转已经很严重，一个大型的刊物事实上不容许再常态地继续下去。于是第 2 期以下，就不得不出合刊本了。其初是两期合刊，到了最后竟成了三期合刊了。三十三年度是后方出版界更艰难的年代。本刊编者谢六逸先生企图在层层困难下，精炼了本刊的内容，作更坚实的贡献。第 5 卷第 1 期是《风物志专号》，他费了好大力气，在 7 月间才印出来。接着这个专号的，本来已经编好了《中国文学专号》，但湘桂战局之过于急遽的溃败,第二个专号就无形中撕碎了。伴随着这个专号的命运,同时俱来的,是本刊的停刊。停刊的第二年,六逸先生不幸也去世了。"

《文讯》于1946年在重庆复刊,由顾颉刚主编出版第6卷,实际上由白寿彝负责。在山城重庆,白寿彝与臧克家订交,1947年第7卷起,《文讯》迁上海编辑出版,由楚图南推荐,白寿彝遂请这时候失业的臧克家任主编,"编辑方针,还是继承着过去的办法",但有新的补充和发展。上海解放前夕,因臧克家遭国民党缉捕而逃亡香港,《文讯》遂停刊。

创刊号上发表《新闻标题研究》,署名谢六逸讲,李公杰记录。文章共分四节。第一节论述新闻标题的重要意义,谢六逸说:"新闻标题,为新闻纪事中最简略的部分,处此人事纷忙的生活状态下,读者在阅览整个冗长的新闻纪事之前,需要先知道事实的结果,新闻标题就是为使读者在看报时节省时间而产生的"。"标题以惹起读者注意为原则,须在简短的几个字中,说明纪事中的内容,用语要洗练而有力,以吸引读者深切的直觉。措辞避免重复,以简明畅快为主,一则可使读者阅读后,立刻领会,二则可节省纸面的用途,不使无意义的标题浪费宝贵的篇幅"。第二节谈新闻标题的历史,它"的起源时期,约在十九世纪的后半期",谢六逸谈及中国早期报刊的标题一般为"北平通讯"、"天津近事",或者"如'金台小志'为京师通讯;'秦淮撑曲'为金陵通讯;'禹穴采奇'、'龙眠画意'为绍兴、安庆通讯等,每个标题,莫不含有古典味的诗意,因当时一般读者和编者都有试贴诗的经验及趣味,不觉相沿成风",第三节谈"新闻标题的意义可分三方面来讲。一、使人能很快的将新闻深印在脑中;二、引诱读者来读新闻的故事；三、引诱读者购买"。第四节谈标题制作与其他学科的关系，"一、标题与心理学的关系。标题效用的第一点，就是引诱读者购买，使销路扩大……则非研究心理学不为功了。……二、标题与修辞学的关系。修辞的简洁，使标题的表现生动，用适当的文句，使读者明了记事全部的内容，从字形、声调诸方面，提起读者的共感与同情……三、标题与伦理学之关系。新闻纸在道德方面，应宣扬善良的人生，不在暴露社会罪恶，它能训练读者，同时培养读者对于社会认识的正确性，应做到善良观念的启发与反省，向上意志的养成。标题的制作，应慎重而谨严……四、标题与美术之关系。报纸的读者就是艺术品的欣赏者，标题的排列地位如何才能确当，在有限的地位内，如何使纸面形式调整匀齐，这非利用艺术的修养不为功……五、标题与社会学的关系。政治、经济、社会、教育、史地、外交各科，为每一个编辑者所必具的基本常识……然后制作标题时，方能适合分寸。六、标题与自然科学之关系。……须有物理、化学、生物、天文等科的常识，然后作出来的标题才能正确而不曲解。……新闻标题的制作，是综合各种知识的产物，所涉及的范围很大，因而常和各种学问发生关系。"

创刊号封三刊登广告，介绍了马宗荣与谢六逸共同主编的《大学丛书》，包括：《中国文字学概要》，张世禄著；《中国训诂学概要》，张世禄著；《新闻学概论》，谢六逸著；《中国古代教育史》，马宗荣著，等等，共七种，将由文通书局出版。1995 年初，台北举行"庆祝抗战胜利 50 周年两岸学术研讨会"，台湾文化大学史学系教授兼文学院院长宋晞对大陆学者说："当时我在贵阳读大学，经常到中华中路贵阳文通书局那栋二层楼洋房去买《大学丛书》读，在大学中读者面很广，影响我们这一代人。"（吕幼樵、何长凤：《谢六逸教授与贵阳文通书局编辑所》，载《贵阳文史》1996年第2期）

10月，卢冀野到贵阳，谢六逸代选《黔游心影》诗10首，刊登在《文讯》第1卷第2期上。

11月9日，给在修文县的蹇先艾写信："听说你的生活也很苦，我早就想约你来这里教书，唯一时尚无较好的机会。顷接广东文理学院（在连县）国文系主任吴三立君函托代约教授，月薪340—370元，兄如愿往，弟可专函介绍。闻该地生活程度约为贵阳之半额。"蹇先艾后来到遵义一学校工作，他说："但六逸的一片好意，我是永远感谢的。"（蹇先艾：《我所认识的六逸——悼谢六逸先生》）

11月10日，《文讯》第1卷第2期出版，发表《敌情估计》，署名宏徒。文章说："敌情估计本是一件极不容易的事。自从敌国内阁改组以后，我国的言论界就有各种的推测。有的估计敌人北进，有的估计南进。各人的估量都有理论上的根据，所以能够言之成理。不过无论其观点如何，总不该忽略敌人的'西进'罢！在今天，不管敌人北进也好，南进也好，都不容我们稍存一点怠忽的心理，乃是当然的。敌人之北进或南进并不能减轻我们抗战的艰苦，因此也不能稍存一点侥幸的心理。声东击西或避实就虚，亦为战略上常有的事。自东条英机出来组阁，大家不约而同的以为他将要北进，好像我们就可以喘一口气，以为'这可好了'，如果存着此种心理，就不免要蹈袭过去的覆辙。……我们如今要估计敌情也要顾及一个原则，就是无论敌人北进或南进，他决不肯放松了中国，让我们有一个喘息的机会。如果敌人不能够征服中国,他在越南或者太平洋上的蠢动也将变成毫无意义了。这一点是每一个中国人都应记着的。"

同期的《文讯》上又发表《荒山随笔》,署名仲午。文章谈老百姓和大学教授的生活惨景,报载贵阳"鱼价极高,菜馆鲜鱼每尾价达五十余元……望江亭畔见有贫妇出售她的两个孩子,竟有仁人君子愿共出价二十六元。可知不但熊掌比不上鱼的地位,连人也比不上它了。……自从百物暴涨以后,教师的生活已经打入十八层地狱。倾其一个月的收入,还不够买得一石米。仆人早就告假了,友人某君天未发白即须起床帮助他的太太烧火打水;有的每日三餐已经改吃糜粥了。……学校里的教师本是请来讲学论道的,然而有的就非一手挟着书包,一手提着托友人从广州湾带来的化妆品像托钵僧似的,向别人兜售,不能活下去"。

谢六逸的子女后来回忆当年的艰苦生活时说:"他(按指谢六逸)不辞辛劳,兼更多的职,做更多的事,以博得些许酬劳弥补家用……有一天,我们家断粮,母亲在万般无奈中只好到豆腐坊去买来豆腐渣,和一些野菜合煮后给全家人充饥。"(谢开志、谢开华等:《一炷心香祭先严》,载《贵阳文史》1996年第2期)

在同期《编辑后记》中,谢六逸说:"自本期起,增加'短评'一栏,登载对于时事、社会以及一般生活的批判的文章,篇幅以一页为限。除由本社同人执笔之外,并欢迎投稿。

"马宗荣教授的《教育与政治的相关》一文,引证《中庸·哀公问政》一章的哲理以及德国教育与政治的关系,语重心长,殊为扼要。顾亭林氏曾谓士大夫无耻即为国耻。编者昔年曾以此意为题,试某种官吏考试,佳卷百不得一,为之怃然。今年内读马君此文,可谓实获我心,愿阅者注意及之。

"卢冀野教授已五年未见,上月忽飘然来筑。讲演兼'轰炸'之暇,作散曲若干首,兹代选取十首刊登,以飨本刊读者。

"本刊除学术论著而外,亦注重实用的文字……谭天民先生远道寄来长篇通信,对于本刊爱护之热忱,极可感谢。《荒山随笔》一文,其味近于'独山盐酸',尝与不尝,悉视阅者之口而定。"

11 月 27 日,复林辰本月 21 日发自重庆的信如下:"诗农吾弟台览:久未接好音,亦无从探询通信地址,正深系念,顷忽奉廿一日来信,慰甚慰甚。《文讯》已经出至第 2 期,兹另邮寄赠,并盼陆续写寄文稿,以光篇幅,不知有此闲暇否?文通书局下决心印行书籍,已出版三种,见《文讯》广告栏。拙稿因乏时间整理,尚未付梓,约明春可以偿愿。黎君《新土耳其》一书,前由李青崖氏交至编辑部,刻正托人将译稿与原文对照审核,一切详情并由蒲定安兄面达黎君矣。天寒诸惟珍摄不备,顺候 旅祺。兄 六逸 启 卅,十一、廿七"。据林辰先生告知笔者,信中提及的"拙稿",书名为《(中国)现代文学史》。但后来此书未见出版。

12 月 10 日,《文讯》第 1 卷第 3 期出版,刊载了纯任的《太平洋战争与中国》(短评)、金山的《简论中国报纸》、林辰的《谈国文教师》等文。谢六逸在《文通音讯》中着重介绍了文通书局将出版曹未风译的莎士比亚的《仲夏夜之梦》、《二绅士》、《第十二夜》、《暴风雨》四书。

12 月 24 日,在《贵州日报·文协》专刊发表随笔《鞭子与糖元宝——讲给孩子们听的故事》,署名谢六逸。文章讲了安徒生童话《卖火柴的女儿》、耶稣被杀和中国传说祭灶神的故事。文末有一首打油诗:"柏子冬青插遍檐,灶神糖果送朝天,胶牙买得糖元宝,更荐慈菇免奏愆。"文章说,在"祭灶节"这天,人们怕灶神上天到"玉皇面前搬弄是非,因此贿赂他,借以封住他的嘴,我们住在上海的时候,就看见上海人家用糖和慈菇祭灶神,糖的形式做成了元宝,叫做'糖元宝'。原来灶神也爱元宝,况且又是糖做成的,让他吃了,这么一胶就把他的牙齿胶住了",慈菇又与"是个"谐音。灶神见到玉皇以后,除了"是个"以外,别的话都一概不能说了。文章最后点出:现在爱糖元宝和吃糖元宝的多着呢。

据谢六逸的子女回忆,他很爱孩子,注意对子女的教育,"自从我们上学以后,他每天只要有少许时间,总要到我们孩子中来转一转,检查一下作业,到贵阳以后也仍是这样;有时遇到他的工作不太紧急,还忙里偷闲地与我们逗乐片刻。记得有一次,他还根据我们各人的性格、爱好和形体特征等,即席为各人题写了一首打油诗,例如'大女叫开志,颈上有颗痣,走路像飞机,天天爱写字';'二女名开华,手大脚杆长,性格很倔强,喜欢画图画'。"(谢开志、谢开华等:《一炷心香祭先严》,载《贵州文史》1996年第2期)

本年,曾在贵阳中学与程万中学兼课。(据祝庆生《谢六逸年表》),又据《贵州画报》1991年第6期所载,谢六逸曾在上述两校兼过课,但未注明年份。估计时间不会很长。

本年(暂系),为纫兰女士题词如下:"我从民国十一年起就一直在教育界服务,时光荏苒,不觉将满二十年了。在态度上我想做到'教别人的子女如同教自己的子女一样',就是不冷酷也不是一味的宽容,在方法上我想时时增补教材,时时介绍新鲜的东西;可是说起来未免惭愧,我竟不能完全做到。因此我不能不希望纫兰女士一辈的新斗士了。她要我在这本精美的纪念册上说几句'自己的话'，我想我还是不免辜负了她的美意。六逸。"

1942 年（民国卅一年）   44 岁

6月，美苏两国签订互助协定。

8月，美军在太平洋开始对日军进行反攻。

11月，苏联红军在斯大林格勒对德军开始反攻；在日本帝国主义导演下，第一届"大东亚文学者大会"在东京举行。

1月15日，《文讯》第2卷第1期出版，发表《现代通信事业之趋势》，署名谢六逸。全文共四节。第一节开宗明义，谈"'报纸'和'通信'是构成现代新闻事业的两大系统"。第二节谈报纸与通讯社的区别与关系："报纸的职能是新闻的报告与指示，通讯社的职能是新闻的搜集和传递。二者对于新闻事业是分工合作，相辅为用的。报纸借了通讯社消息的供给以吸引读者，维持其生命，而通讯社的工作和努力也借了报纸表现于公众。"第三节谈通讯方法的起源与发展，而"世界著名的通讯社如美国的合众社、英国的路透社，其成立均在十九世纪中叶"。第四节谈我国的通讯事业的人才和设施仍感到不足；另外，"第二次世界大战正在进行，各国政府为了施行他们的新闻政策起见，必然的统制一切新闻事业。对于通讯事业方面，欲求统制的便利，势必采取国营的办法，群起仿效苏联、德、意的先例。不过在原则上，联合性质和企业性质的通讯社也是需要的。天下的事没有竞争就不会有进步，我们希望我国国营的通讯事业也和别人竞争。"

本期尚有马宗荣的《孔子的处世进退观》、吴梅的《霜崖遗札》等文。

在本期的《文通音讯》中,谢六逸说:"本期的篇幅增加到了38面",另外表示:"在烽火遍于全球的今日,本局以最大的决心和努力,为文化服务,不求近功,不务虚声。古人说:'文章报国',同人不敏,敢师此意。"

1月,在《贵州日报·文史》上发表《山居杂咏》三首:《闻关岛失陷感赋》、《贵阳初雪》、《出征》。署名谢六逸。《闻关岛失陷感赋》是一首七律,全诗如下:"先机未忍制倭奴,一着棋松满盘输。几见沙场挑战马,频闻险阻踞妖狐。渡河宋师推韩岳,防海明臣重戚俞。孰谓今人难及古,贤能自始在前驱。"对前两句,谢六逸自注说:"美海长赞克斯谓倭侵略珍珠港如早半小时发觉则世界局势必将改观。"

2月10日,《文讯》第2卷第2期出版,发表了张永立的《新宇宙观》、章桢的《母教》、马宗荣的《普及社会教育应注意的三大问题》、董每戡的《花溪偶拾》等文。

2月,在《贵州日报·贵阳记者》上发表《论记者的职业组织》(摘录),署名谢六逸。(据秋阳《谢六逸著译年表》)

3月10日,《文讯》第2卷第3期出版,刊登了张世禄的《论语言之演变与训诂》、岑家梧的《中国画的形似》、罗登义的《贵州人之营养问题》等文。本期无《文通音讯》。

4月30日,《文讯》第2卷第4期出版,刊有毛家骐的《从黔省司法观察贵州的文化》、沙学浚的《遵义附近的溪流与人生》、张伯箴的《论希特勒春季攻势的指向》、陈遵妫的《中国天文界现状》等文。在本期《文通音讯》中,谢六逸说:收到了蒙文通的《中国史学史》、高亨的《易经今注》及萧一山主编的《经世社丛书》等书稿。

5月30日,《文讯》第2卷第5期出版,刊登了卢冀野的《姚茫父先生的曲学》、何家泌的《死的解释》、袁哲的《近百年来中国之三大革命问题》等文。本期的《文通音讯》说,因战争关系,"教科书的来源极感困难,所以我们要编一套适合高初中学生用的国文教材"。

5月18日,叶圣陶从成都去桂林,途经贵阳,"至大夏大学访谢六逸,不值。复至谢之家。其地名花果园,茅屋三间,尚不如余成都寓所,亦疏散房屋也。遇谢夫人,略语数语即出。饭罢至文通书局始晤六逸,比前消瘦多矣。彼在书局中有会议,约明日再至大夏会晤。"(叶圣陶:《蓉桂往返日记》)

5月19日,"九时(丁)晓先来,与(傅)彬然同往大夏。六逸而外又晤李青崖,亦视前消瘦。六逸言有一部分学生欲见余,招作座谈,不可却,勉从之,向学生谈约二十分钟。"(同上书)

6月30日,在《文讯》第2卷第6期发表旧诗《山居杂咏》二首,署名谢六逸。一、《过华家山》:"户外一池塘,塘边多古树。春深花乱开,鸣鸟不知数。时有野人来,手持耘耔具。低田正种禾,高阜勤疏注。力倦憩绿荫,长歌忘好恶。我行偶见之,于此得真趣。"二、《花果园远眺》:"山城风雨霁,景物更清越。近水曲迤兰,远峰高插笏。疏林苍翠中,石可数凹凸。有鸟贴青天,云霄任出没。人家十万户,烟火自飘忽。拂树春风来,落花粘鬓发。赏心在及时,坐以待明月。"

本期《文讯》还刊登了刘绍桢的《论国民月会》、王凌云的《左传言礼制本于周官考》、缪崇群的《取火》等文。《文通音讯》介绍了文通书局出版的新书《检察官办案实用》一书。

7月30日，在《文讯》第3卷第1期发表《归乡途中感赋》、《溪上观鱼》（一、二）、《咏田农》、《山城晓望》等五首旧诗，署名谢六逸。《归乡途中感赋》如下："苗疆昔战征，酷吏扬威武。不暇采苗风，唯知献丑虏。重来乱山中，缀簪任仰俯。峰顶及岩阿，硗田兼瘠土。若者名天梯，若者为带缕。窄处不容牛，旱时专望雨。早作惊虺蛇，晚耕畏狼虎。穷年四体勤，收获无三五。结屋杉树阴，漏将杉皮补。衣敝不遮胸，冻泥时染股。秕稗和藜羹，无盐食灰卤。儿女正饥寒，催租来田主。括囊尽与之，更为烹雏黍。里长明朝来，何辞谢官府。吞声卖耕牛，谋食罗雀鼠。所愿得安居，苗民不畏苦。"《海上观鱼》（一）如下："春水深才过石，芦芽浅不遮洲；前溪摇出渔艇，隔岸惊起白鸥。"（二）如下："鸬鹚随棹入水，〔　〕獭翻浪求鱼；馋吻未能自饱，贪心甘为人渔。"（江按：原刊脱漏一字，用〔　〕号标出）《咏田农》如下："朝耘原上苗，暮灌园中菜。田主征稻粱，佃人获秕稗。妻孥半啼饥，衣履多褴褛。尺寸无能谋，辛勤敢自爱。"《山城晓望》如下："山山平远绿无涯，四望田畴不受遮。秧叶纷披藏鹭羽，水声澎湃转牛车。时当梅熟偏宜雨，风过豆棚乱落花。富庶欲知何处是，朝烟缕缕万人家。"

本期的《编辑后记》说："本刊自去年10月创刊以来，已出了9期，承作者与读者热烈赞扬，本刊因以发育滋长，这是本社同人引以为荣的。从3卷1期起，特将篇幅扩充，多容纳有系统的稿件，成为一种学术研究的月刊，借以酬答作者和读者的雅意。本期叶元龙先生的《经济与价值》一文，为作者多年来研究经济学的精深之作，文内对于西洋诸经济学权威的理论，都有中肯的评述，并且指示现今研究经济的新途径。余坤珊先生的《英文里的中国字》一文,作者搜集丰富的材料,用生动而有趣的文笔,叙述中国文化对于西方文化的影响"。介绍陈遵妫的《中国之日食观测》则说:"是一篇宝贵的史料,作者以亲身经历的事实告诉读者,足以增加读者研究的兴趣",又介绍戴文赛的《爱梦河畔》说,"为作者在英伦留学时,赴莎士比亚故乡斯特拉福特参加国际夏令营,在美丽的爱梦河畔过着愉快的假期生活。"又说,懋夫的《人物素描》、卜少夫的《战地记者工作的新方法》、郑镛的《英苏关系的演变》,"都值得一读"。

7月,应新成立的贵州大学之聘,讲授中国文学史,并作《最近上海的文化界》和《新闻标题研究》的讲演。

8月29日,在《贵州日报》上发表特约专论:《贵阳缺少的是什么?》,署名谢六逸。文章先谈艺术的作用。"艺术的功用是什么呢? 我的回答很简单,就是它能够使人和人互相结合,同时增加社会的亲和力"。"我国儒家祖述六艺,重视'乐教',这与希腊哲人柏拉图以及近代德国诗人席勒辈之提倡艺术教育,可谓不谋而合。我们如其希望国民道德蒸蒸日上,使社会生活、团体生活的团结日趋稳固,我们如何能忽略艺术的功能呢?"谢六逸接着说,抗战以来,国内道德沦丧,"我们默察这几年以来,一般的国民道德又是怎样的呢? 如果我们相信'经济决定一切'这一句话,我们不禁感慨万端。现在社会上的财富都集中在一部分投机取巧者的口袋里,而这些投机取巧者的道德是些什么呢? 侥幸、倾轧、狡伪、苛刻、凉薄、苟且、偷安,如斯而已"。"在今天要想用'艺术'的力量是去感化社会上的头等蠹虫,虽是三尺童子,也知道是无济于事的。可是往者不可谏,来者犹可追,社会里面大多数的人民和有为的青年,他们的头脑是清晰的,国家的命脉系在他们的身上。有意义的艺术可以培养大家的品德。艺术的部门广泛得很……艺术是振兴民族精神的武器,诗歌如此,其他各部门的作品亦复如此。近年以来,贵阳地方举行过好几次绘画展览会,也公演过若干次话剧,也有音乐会的演奏,可是因为缺少一所'艺术馆'的原故,便觉得艺术运动没有一个中心,精神生活散漫没有着落。贵阳的艺术空气,始终不能振奋。我想每一个贵阳市民都有资格提出一个善意的建议,希望贵阳有一所完全的艺术馆。"而那时"贵州全省的人民受了艺术的薰陶,也许在精神上将有一番振作罢!"据谢六逸的学生王子尊回忆说:当时贵州省政府主席吴鼎昌看到此文以后,就拨款修建了艺术馆。事后,谢六逸幽默地说:"我的文章竟有如此神力","我这一短文值了几十万"。(见冯楠:《在谢六逸先生诞辰九十周年纪念会上的讲话》)

8月30日,《文讯》第3卷第2期出版,刊登了罗登义的《大学的任务》、何基的《胡林翼如何整顿湖北》、陈鸿佑的《我国土地利用概况》、卜少夫的《战时报纸的副刊》等文。谢六逸在《编辑后记》中说:"本刊这一期和读者见面的时候,正是新学期的开始。我们愿意郑重的介绍几篇文章给爱读本刊的青年诸君。一篇是罗登义先生的《大学的任务》,一篇是戴文赛先生的《剑桥学生生活》。这两篇文章的性质不同,可是它们是有连带关系的。罗先生将大学的任务分做教学与研究两项,他主张一所大学不妨设置教学委员会与研究委员会,这个意见是值得注意的。接着我们就读《剑桥学生生活》罢,戴先生在这篇文章里介绍剑桥的导师和研究指导的情形,可供我们参证。其次,我们看看胡林翼如何整顿糜烂的湖北,何基先生的文章专就胡林翼抚鄂时的民政及财政两方面叙述，这是我们身居后方的人所不可不有的知识"。谢六逸接着说："我国地大物博，所以能够与敌人作长期的抗战，但如何利用我国的土地呢？陈鸿佑先生的文章虽然偏重于理论方面，看去稍稍沉闷，不过仍是一篇切合实际的文章"。此外，还介绍了卜少夫等人的文章。

9月16日，作《新闻学丛书总序》，署名谢六逸。因其中涉及抗战时期做新闻记者条件的资料，全文摘录如下："近年以来，我国朝野人士鉴于新闻宣传之不可玩忽，对于新闻事业与新闻教育都同样重视。民国二十二年九月一日行政院训令内政、军政两部切实保护新闻事业人员。又于三十一年八月十八日经行政院通过《新闻记者条例草案》，原案共计二十四条，其第五条云：凡具左列资格之一者，得申请给予新闻记者证书：一、在教育部认可之国内外大学新闻学系，或新闻专科学校毕业，得有证书者。二、在教育部认可之国内外大学或专科学校毕业，并服务新闻事业一年以上，有证明文件者。三、在教育部认可之高级中学毕业，服务新闻事业三年以上，有证明文件者。四、曾在新闻事业主管机关，办理新闻管理服务三年以上，有证明文件者。五、服务新闻事业五年以上有证明文件者。由此五项规定，可知要做一个新闻记者，非有新闻学的素养与实地经验不能负荷本身的重任。其实在二十世纪的今日，一个现代化的新闻记者，一方面应有社会科学、自然科学、文艺、史地的基础知识，一方面以须有坚强的写作能力。他的学识修养，必须较之常人加倍的努力，然后才可以说得上指导社会。在我国出版事业的洪流中，新闻学书籍还是落后的，所以目前一般从事新闻事业的人员以及有志于新闻学研究的青年，仍然感到参考书的缺乏，因此我们决定编著一套《新闻学丛书》，内容包含新闻学的各部门，例如编辑、采访、写作、印刷、管理、新闻史、新闻教育、各国新闻事业、新闻储藏保管、新闻学名著选辑等等，分期出版，以贡献于有志者之前。自然，我们的力量是很微弱的，不过借此做一番抛砖引玉的工作，希望将来还有更伟大的著作，使我国的新闻学研究，也不弱于他人，那末我们的志愿，就算是达到了。"

9月30日，《文讯》第3卷第3期出版，刊登了梁瓯第的《教师的过去、现在与未来》、齐庄的《主观与客观》、张君川的《戏剧艺术家莎士比亚》、罗登义的《民众营养改进运动》等文。谢六逸在《编辑后记》中介绍梁瓯第的文章《教师的过去、现在与未来》说："现在的教师，尤其抗战期中，受不了生活的压迫，有改行的，有跳高的，致使教师的阵容异常不整齐，将来教师的地位，要由教师自己去挣扎，建立一个特殊的人格。"对张君川的文章说：它"对于'研究法'与'分类法'提出很好的意见。他认为研究作品不能只在作品上求，还应在历史上确定了它；艺术是自然的产物，也应以自然的标准去研究作品，这是一篇有力的批评文字"。谢六逸介绍本期中漫画家黄尧的散文《人生之美》说：图文并茂，可以同时欣赏。《卖油郎及其他》是青年作家林蒲先生在旅行中，目见的或听到的一些风俗和故事，描写得惟妙惟肖，尤其是充分利用当地的口语，富有趣味"。另外又介绍了陈遵妫的《中国之日食记录》及齐庄的哲学论文《主观和客观》等。

秋，马宗荣去重庆筹备设立国立中央群众教育馆，并兼任馆长；年余后，积劳成疾返回贵阳。马宗荣去重庆以后，文通书局的工作全部由谢六逸负责。（何静梧：《记教育家马宗荣》）

10月1日，在《贵州日报》发表特约专论《与青年谈读书问题》，署名谢六逸。文章说，人生的黄金时代是青春，"正因为青春的可贵，我们得利用青年时期的智力、体力，充分发挥我们的求知欲"，谢六逸接着说："我们认定读书的重要同于空气米麦，但也得注意读书的方法。……《书经》说，'好问则裕'……我们在读书时代解决疑问符号的方法不是别的，也就是'问'。问教师，问工具书，问参考书，问图书馆。这就是读书的最好方法。……只有问答辩难始可明白它的意义。愈问答辩难而真理愈明。希腊古代哲学家苏格拉底探求真理的方法即是用'对话法'，他讲学时，先承认对方的理由而用问答方法穷诘之，慢慢使对方自知缺点，自己推翻自己的话，结果受教者能够认识真理。柏拉图的哲学著作《对话篇》亦用雄辩的态度，将他的思想告人。古今中外的典籍采用此法者甚多。我国的《四书》也是用对答的方式。基督教的《新约》，佛教的《法华经》不是也采用此种方法吗？"谢六逸最后告诫青年说："一位虚怀若谷的人，他能够自认无知，所以才有求知的欲望。我们时时感到空虚，便思时时取得新知，故知识源源而来，不虞中辍。正如佛经所说，'迷知为识，转识成知'，到了如此境界，便可继续不断定接受新知，知识既获，又求所以实践之道。不畏难，不苟且，面对现实，以自己的学问求证于社会，时时保持方正的人格，然后可以说是用之得其正了。"

10月30日，《文讯》第3卷第4期出版，刊登了戴文赛的《银河系巡礼》、张君川的《星子姑娘》等文。谢六逸在《编辑后记》中说："今日师范的问题，已引起大家的注意。熊铭青先生的《促进师范教育的基本认识》，针对过去的流弊和当前的需要立论，为近来稀有的论文"。"营养问题，在现在的中国，尤其是抗战时期，的确是值得重视的"，最近二期特请罗登义和袁岳龄两位先生发表了两篇论文,"他们指示了许多实际的营养方法,并非空泛的理论可比"。此外还介绍了岑家梧的《犍陀罗艺术述略》、李稚甫的《二研堂全集叙录》等文,说岑、李两文"均为文艺的重要资料"。对于刁汝钧译的《冉娜》,谢六逸说,在抗日战争时期,"可以激发大义灭亲的精神"。

11月30日,《文讯》第3卷第5期出版,刊登了陈遵妫的《牛顿诞生三百年纪念》、郑师许的《我国文化的摇篮地》、马宗荣的《我国社会教育的回顾与前瞻》、胡朴安的《桃花源曲》等文。谢六逸在《编辑后记》中说:"今年是世界著名科学家牛顿的诞生三百年纪念,我们得到陈遵妫先生的纪念论文,这是非常光荣的事。陈先生的文章把牛顿对于科学界的贡献说得极其精到,内容分列至二十段之多,文笔又复典雅,引人入胜"。"郑师许先生在中山大学担任史学讲座多年,他来信答应陆续在本刊发表关于中国文化研究的论文,这一期先发表《我国文化的摇篮地》"。谢六逸又说:"关于教育的论文,本期共有三篇,马先生谈社会教育、方先生谈中等教育,这些专门问题由专家来谈,当然有独到的见解。"又介绍了钱亚新的《大学出版组的需要及使命》。关于胡朴安的文章,谢六逸说:"我们久已没有读到胡朴安先生的文章了,近由郑师许先生转寄到他的近作《桃花源曲》,我们读到原作的最后两句,'这桃源本是虚无缥缈,只博得千古文章争慕陶',不难知道胡先生近来的心情。"

12月,茅盾从桂林赴重庆,路经贵阳访问谢六逸。茅盾在《悼六逸》和《忆谢六逸兄》两文中,对此次见面都记载颇详:"到了贵阳以后,在街上看到文通书局步进去找他,那时他不在书局,第二天上午他到贵阳招待所来看我了……他还是那么肥胖,说话也还是谨慎小心,有分寸。不过,神情确也有点憔悴,家累太重,他很忙。那时我才知道他除了文通的职务以外,还任了两个学校的课。……六逸素能饮,却不肯多喝,我这才又知道了他心脏不健。呜呼,谁知道相隔首尾不满三年,他竟以心脏病不治而死。那天的谈话中有一句话我至今不能记忘,当谈到抗战还有多久才能胜利的时候,我说'再有三四年,总该差不多了吧?'六逸听了苦笑,说:'三四年还可以拖拖,再久,真有点吃勿消',当然这是指他自己的家累重,身体不好而说的。"(悼六逸)

12月,任贵州省临时参议会参议员。

12月30日,《文讯》第3卷第6期出版,刊登了袁公为的《三民主义文化运动泛论》、郑师许的《我国文化发生的年代》、黎正甫的《三国时之交州》、檀仁梅的《美国民众对于此次大战的看法》、刁汝钧译的《高尔基访问记》等文。

1943年(民国三十二年)   45岁

1月,苏联红军在斯大林格勒全歼入侵德军。

7月,美英联军在西西里岛登陆,并占领意大利南部。

9月,意大利法西斯政府宣布无条件投降。

11月,中、美、英三国首脑在埃及开罗举行会议,发表《开罗宣言》。

1月30日,《文讯》第4卷第1期出版,开本改为16开。刊登了罗根泽的《元稹和白居易的社会诗论》、钟玉成的《论整饬学风》、爱因斯坦著、朱厚锟译的《我的信仰》及袁岳龄的《我所受的师范教育》等文。谢六逸在《编辑室广播》中说："自本期起,本刊在质与量两方面均有改进;今后仍本阐明学术文化的主旨,努力前进"。然后谢六逸说,"罗根泽先生是一位治中国文学史的学者,他的《乐府文学史》一书,早已脍炙人口,本期编者特地请他写了一篇《元稹和白居易的社会诗论》";此文"将唐代元白两大诗人对于诗的理论作详细的介绍和比较,评论精确,见解卓特,像这种用科学方法研究中国文学家的文章,国内尚不多见。"对于老翻译家潘家洵,谢六逸说:"本期最难得的是我们请到一位文坛宿将潘介泉先生出马,潘先生在五四运动时代,介绍了不少的英美北欧的名著到中国来,其后他赴英留学,在国内的刊物上一时看不到他的译品,现在趁他来贵州大学讲学之际,我们请他长期担任翻译英美小说,这一期他译了一篇《死了一条光身汉子》,是美国 1941 年最佳的短篇小说之一,是一篇人间的悲剧,我们可以看见一个贫苦无依的艺术家临死的凄凉萧条"。本期还特别介绍了爱因斯坦的《我的信仰》一文,"我们由此文可以窥见爱因斯坦先生的追求真理,酷爱自由的人生观。而且知道他如何的憎恨专制,诅咒战争,以及鄙视那无故掀起战火的法西斯。朱厚锟先生的译笔,忠实流畅"。此外,还介绍了钟玉成的《论整饰学风》、岑家梧的《西南部族之舞乐》和张君川的《艺术论》等文,谢六逸说:"过去学风之不良,学生程度之低降,已成为教育界的一个严重问题",钟玉成此文可以引起各方面对此问题的注意。又说"岑家梧先生近来埋头于西南部族文化的研究","此文论述西南部族舞蹈、音乐二者的源头和形式,以及对于社会风俗之关系和影响,为研究文化史的极好资料"。

2 月 16 日,被委任为贵州省第二届临时参政会委员,并当选为驻会委员(江按:即常委),任第三审查委员会召集人,负责贵州省教育文化议案的审查。谢六逸在参政会的同事张荣熙之子张垠50多年以后回忆说:"我曾听父亲说过,六逸先生……对贵州省的教育事业,情有独钟。他持严肃的态度,提出过不少提案。如'拟请省政府督饬各县县长认真办理教育,并将考核百分比提高,以利教育之发展'案;又如:'拟请省政府指拨大夏大学原校址(即讲武堂)为贵阳师范学院永久校舍'案;再如:'拟请省政府收回省立艺术馆、科学馆和图书馆等址,并充实内容,以利社会教育之推动'案,以及'拟请省政府急饬省训团迁移以便省立高级中学迁回原地以免学生失学'案……先生的这些有关教育发展的重要提案,当时都得到议员们的支持。后来终于将讲武堂拨给贵阳师范学院作院址,学院增加了教室,扩大了运动场地,修建了图书馆。贵阳高级中学也回到了自己的校舍,从而两校的教学能够正常进行,省立艺术馆、科学馆和图书馆的馆址也相继收回,并恢复了活动。"(张垠:《忆谢六逸先生的几件事》)

3月30日,《文讯》第4卷第2、3期合刊出版,刊登了郑师许的《中英中美新约签订的意义及我国文化地位的提高》、詹安泰的《论杜诗中的拗律》、徐嘉瑞的《金元戏曲方言考导论》等文。谢六逸在《编辑室广播》中说:"中英、中美新约的签订,关系我国的国际地位者至大,本刊特约郑师许先生写了"这篇文章;"新疆在过去是被人漠视的,但现在已成为抗战的后方要地了,编者为使大家知道新疆的情形起见,所以特邀梁瓯第先生写《新疆之过去与现在》"。詹安泰的文章"是他研究诗的结晶";"徐嘉瑞先生从前有《中古文学史》的著作",现在"此文内容介绍方言在金元戏曲的重要,及其对戏曲之影响"。"娄子匡先生近由浙省至陪都,编者约他写稿,不久他就寄来一篇游记——《陪都行》"。"《如此学者》是一幕讽刺的喜剧,译笔隽永幽默,读时会使你发出莞尔的微笑。此外尚有一篇《塞多夫号漂流记》,是荫厂先生直接从俄文翻译出来的,内容记述北冰洋探险的情形。"

3月,谢六逸出任贵阳师范学院国文系主任,他除教课以外,还主持修订国文系教学计划,帮助教师编写讲义,并聘请一批学有专长、又富有教育经验的中学教师到国文系上课。谢六逸在该系教过的课程,重要的有四种:一、基本国文,主要是选读、讲解古文;二、《中国文学史》,内容上自《诗经》、《楚辞》,下迄民国各家小说、诗词、散文,这部讲稿自谢六逸1930年在复旦大学中文系任教起,就有了初稿,以后边教边增订;三、《国文教材及教法研究》,是根据师范专业学生毕业后从事教育需要而开设的;四、《文学批评》,中国上自孔子,西洋上自柏拉图,中西兼顾,一一讲述各家文学批评学说,讲课时,谢六逸不谈自己的看法,让学生自己去比较,自己作出结论。另外,他还讲过新闻学,包括标题比较研究、新闻专题研究、副刊文稿、社会特写、国外新闻事业等。谢六逸还带领学生到师院附中实习。

在教学方法上,谢六逸对学生说:"以指点石,可以成金,我的教学态度是要将指头交给你们"。又说:"大匠示予规矩,不示予方圆。我的教学方法,就是要示予诸位规矩。这个规矩,不但诸位永远用以自学,也永远用以教学"。(据王忠慈:《悼念六逸老师》)

另一位学生张垠在50多年以后回忆说:谢六逸"对课文的讲解事前都要作好充分的准备,考证周详,并从考证中找出要点","先生最喜欢学生提问,对同学提出的问题,总是尽量回答,在把问题讲解清楚以后,还常常以一两句幽默的话来作结束。"此文也谈到谢六逸对学生的态度说:"虽然工作繁忙,却欢迎学生们去他家里作客。有时他正在伏案写作,也放下笔来热情洋溢地接待学生。他满面笑容,语气温和,对学习、为人和文学、新闻、写作无所不谈"。(张垠:《忆谢六逸先生的几件事》)

现为贵州师范大学进修教师张吉祥,当年受业于谢六逸,长期保藏着谢六逸批改过的一本作文薄,上面有谢六逸用红笔写的一行工整的批语:"旁引博证,深入堂奥,具此热忱,师道无忧"。

5月27日,致上海徐调孚信:"调孚先生 五年不见且未通候想念之情如何可言弟内迁以来迫于生计乏善可陈沪上诸友谅均安好便乞将近况 示知以慰下怀因风寄意不尽欲言即请道安不备   宏徒顿首 诸友并候恕不一一"徐调孚说:"三十二年七月十九日,我忽然接到一封贵阳寄来的平信,信封上写着'鲍缄'两字,我心想没有什么姓鲍的朋友在贵阳,而笔迹却又是非常熟悉的。经不了很多时间的猜测,我知道这是谢先生的手笔。……这是一封普通的问候信,为什么不用他的真实姓名呢('鲍'是他太太的姓,'宏徒'是他最通用的一个笔名)?我说是他的'世故'。他知道我们在沦陷区里的人,敌伪的恶势力包围在四周,如果发现了我们和后方著名作家通讯,定将受到不利的遭遇;也为了这缘故,信中写得非常简单,绝不拖泥带水,致起别人的疑窦。从这件小小的事情里,我们可以窥见他的处世之道了。"(《再忆谢六逸先生》)

5月30日,《文讯》第4卷第4、5期合刊出版,刊登了朱谦之的《第三次自由讲学运动》、欧百衡的《魏晋南北朝文人与政治》、卜少夫的《当前新闻采访工作中的几个问题》等文。谢六逸在《编辑室广播》中介绍了朱谦之从碎石寄来的《第三次自由讲学运动》，说这是一篇阐述蒋介石的《中国之命运》的文章，"朱先生是一位史学家，他阐明了'只要我们不愿意做他国文化的奴隶，我们即须坚决地来承认我国文化的遗产'。"在介绍欧百衡的《魏晋南北朝文人与政治》说："魏晋南北朝文学在中国文学史上是一个异军突起的时代"，"分析此一时代的文人与政治的关系，而归结到'文人数百，不如一个佞幸小人'，岂不是斯文扫地。诚如作者所说：'前事不忘，后事之师，时代尽管变动，而这一切一切却很足以发人深省呢！'"谢六逸接着说："这一期得到了陈安仁、吕亮耕两位先生的随笔。陈先生的《赴渝旅次观感记》，描写陪都的文化交通以及战时动态。吕先生的《半夏随笔》，是一篇含有哲理的散文。都是趣味隽永的文章"。此外，还介绍了潘家洵译的《四条虫子发脾气》和卜少夫的文章《当前新闻采访工作中的几个问题》，和岑家梧的《西南部族之工艺》等。

7月30日，《文讯》第4卷第6、7期合刊出版，刊登了张世禄的《文学与语言》、檀仁梅的《漫谈美国》等文。谢六逸在《编辑室广播》中说："本局因为大量印刷国定本教科书的缘故，以致本刊脱期已久，对于作者与读者负疚甚深，希望鉴谅"。在本期中，谢六逸介绍了张世禄的《文学与语言》，说"他用语言学的眼光来分析文学上的各种现象，根据语言本身的性质和各种语言的特征，来批评对于各种文学的主张，由此以解决文学上的许多问题。他的主张是最公平合理的。他说，'我们固然反对模拟文学，可是终究不能完全抛弃旧文学的基础；我们固然要吸收外来的材料,可是总不能脱离了历史的背景;我们固然要提高文学的价值,可是总不能和大众的社会脱节;我们固然要任方言文学的发展,可是总不能遗失了民族的统一性。'他的话对于将来建立新文学的理论是颇为有力量的,所以特为提出介绍。"本期《文讯》还"集中刊载了三篇关于教育的论文,内容都是讨论中等教育的",它们为《英国的中央学校及高级小学》、《欧美各国中学师资教育制度》、《中小学训育导论》。谢六逸又说:"《拉芳登寓言》是继伊索寓言之后的杰作,前曾刊登三则,嗣后屡接读者来函,要求多载,故特请秦女士根据英文本译出,以供同好";"王隐农先生的《离乱行》用客观的笔调写出川黔两省的侧影,富于情趣"。

8月26日,在《贵州日报》发表特约专论《认识真正的孔子》,署名谢六逸。文章说,二千多年来,孔子的思想支配着整个中国,"一般八股文大家将一顶方巾向他献上,另一般人向他献上的是西装革履(例如张之洞的《劝学篇》)……对于代表民族文化的哲人,我们要有清清楚楚的认识"。谢六逸认为:"孔子见着当时个人的人格破产,那些唯我主义者,利己主义者,破坏主义者一流人物大大的得势,不知所以为人之道,势将引起整个社会的崩溃,他不禁为之忧惧,所以他主张'仁'与'忠恕'";"他认为礼是维持社会秩序最好的方法,也是统御社会的原动力","有礼的社会,必能注重音乐与文艺的修养,因此他提倡文艺教育,由文艺教育的功用,达到优良社会的实现"。谢六逸说:"自董仲舒以后,不免有人把孔子的真面目隐蔽起来,代替孔子说话,那些说的话被孔子听见,他是否赞许,也还是问题。另一种人对孔子的思想学说不加抉择,认为是一种'万金油',可治百病,那也不免过于主观。其流弊必至于'读《论语》退黄巾贼'。……孔子的思想言行确是最可宝贵的文化遗产,然而我们所处的是二十世纪,孔子则是春秋战国时代的哲人。他的思想,我们不能全盘拿来运用于现代,必须加以抉别。"

9月30日,《文讯》第4卷第8、9期合刊出版,刊登了刘朝阳的《天文学与中国上古史》、玄裳的《近代雕塑略论》等文。谢六逸在《编辑室广播》中说:"本期我们特约到刘朝阳、姚薇元两位教授写了两篇文章,刘教授的《天文学与中国上古史》阐发中国古史中关于天象的记载,由天文的推算,用以考证古史里面的若干大事。姚教授的《四史解题》一文,将《四史》的作者、内容加以详尽的说明,并加考证。这两篇文章都是近来极有价值的学术论著"。"《世界各国之森林及林业概况》的作者顾青虹先生,为国内农业界前辈,在本局出版的《柞蚕研究》一书,颇为风行。黔省造林的口号甚嚣尘上,希望提倡造林的人们一读此文。编者特为郑重介绍"。介绍潘垌的《翻译的理论与实际》时说:"他指出翻译国外著作的标准,引证丰富,见解独特,足以纠正'胡译'、'滥译'的风气。"此外,又介绍了罗希贤的《语言的透视》及甘毓津的《怀英伦》等。谢六逸又说,《近代雕塑略论》是一位画家,"过筑时曾开画展"。

12月30日,《文讯》第4卷第10、11、12期合刊出版,刊登了张世禄译的《世界的语言》、罗学恒的《孔子对'生死'、'贫富'、'穷通'的看法》、敬宇的《怎样做报馆访员》、黄吉瑞的《中国工业建设的地理基础》、罗登义的《营养学在农业化学中的地位和进步》等文。(笔者未见到原刊,因而对本期《编辑室广播》内容不详)

本年,因健康关系,辞去大夏大学文学院长职务,改任特约教授。

1944 年(民国三十三年)   46 岁

1 月,美军切断日本在南洋各地军队与其本国的联系。

5 月,中华全国文艺界抗敌协会发表向全世界反法西斯作家的致敬书。

6 月,英美两国军队在法国诺曼底登陆。

7 月,邹韬奋在上海逝世;日本东条英机内阁倒台。

11 月,汪精卫于日本名古屋病死。

1 月 20 日,马宗荣去世,谢六逸继任文通书局编辑所所长,直至 1945 年去世。从宏观规划到具体处理稿件,谢六逸花了大量精力。蹇先艾说:"他兼任文通书局编辑所工作,出版了不少古籍和翻译的世界名著,大大增强了贵州高原的文化空气"。(蹇先艾:《一个对人民有贡献的人——纪念谢六逸同志诞辰九十周年》)李独清说:"谢先生交游甚广,多全国文艺界知名人士,征集到的新旧文艺或学术性的稿件很多,大半有较高的质量。在颠危困顿的时期,使文艺事业不因而废坠,这个贡献是不小的"。(《回忆谢六逸》)华问渠说:"从成立编辑所到谢六逸逝世这段时期,所出书籍二百余种,其中如曹未风译的《莎士比亚全集》、邱倬编著的《邱氏内科学》、马宗荣编著之《中国古代教育史》、董每戡著《每戡独幕集》、张世禄著《中国文字学》、萧一山著《中国通史》(上册),都为一时畅销书。为适应需要,还编印国

文、算术两种小学教科书，业务蒸蒸日上。出版的书刊，除沦陷区外，发行殆遍"。(《贵阳文通书局的创办和经营》)

马宗荣死后，在谢六逸倡导下，文通书局编辑所举办了《马所长宗荣先生遗著展览》，以悼念马宗荣。谢六逸并写了一篇纪念性散文《继华的性格》("继华"系马宗荣之字)，文章赞扬马宗荣"登车揽辔，慨然有澄清天下之志"，他的性格是"见善如不及，见恶如探汤，欲使善善同其清，恶恶同其污"；他又很达观。谢六逸说："在他逝世的前十天，我们还同出席会议。会后我们两人照例是在同一间屋子里谈天。这时他已经知道他的疾病是不治的，他慨然说道：'我死之后，棺木最多不超过二千元(江按：指当时法币)，或者用火葬，你看如何？我们活着困难，死也不容易呀！'"此文又于1980年第8期《山花》作为遗作刊出。

2月，得知赵景深在安徽立煌任教，致书赵景深说："景深兄：一别七载，时时在念，昨阅浙报文坛消息，知兄离沪至皖任教，心中甚喜。此函如能达览，请以近况见告，并以通信处示知，再当函商一切也。"赵景深说，"当时他在贵阳文通书局任编辑主任，并编《文讯》月刊，大约是要编书撰稿，我复他一信，想因平汉路一带发生战事被阻。不料这信竟是他所给我的最后一信。"(《文坛忆旧·谢六逸》，北新书局1948年版)

春，从花果园迁居到雪涯路贵阳师范学院宿舍。

6月，由谢六逸发起并主持，贵阳《中央日报》(或称《中央日报》贵阳版)举办了"全国报纸杂志展览会"，借贵阳民众教育馆主办。谢六逸把自己珍藏的梁启超主编的《时务报》、《清议报》，以及《申报》创刊时有光纸单面八开版、陈独秀主编的《新青年》等报刊提供展览。展览会还组织了一套报纸采访、编辑、排印流程和实物操作表演。这次展出在贵阳引起轰动。(程仲文:《贵阳〈中央日报〉琐记》)。程仲文还在另一篇文章《忆谢六逸先生——记〈言林〉垦荒者之死》中说:谢六逸兼"贵阳《中央日报》研究室主任,我因主持《中央日报》笔政,得与谢先生有共事之雅","在贵阳《中央日报》也因谢先生的指导而举办一次轰动全国的'报纸杂志展览会'"。

7月16日,《文讯》第5卷第1期"风物志专号"出版,刊登了劳贞一的《论现代的丧礼问题》、吴泽霖的《贵州的民族》、胡休乾的《嫂嫂小叔与大伯弟媳》、姚薇元的《隋代之民风》、岑家梧的《中国的图腾制及其研究史略》等17篇文章。本期署名顾颉刚、谢六逸、娄子匡、岑家梧编辑。谢六逸在《编辑后记》中说:"关于民俗风物的研究,在欧洲当以古代希腊的学者包沙尼亚斯为最早,他曾躬冒种种的艰难,游历全国,访谒各处的社祠,与各地人士交谈,采录传说与习俗,其记录的态度纯出于客观。论者以为他的《希腊志》一书,就搜集风物资料的价值上看来,较之历史家希洛多妥斯(江按:今译"希罗多德")的文章,更为杰出。

"降及后世,欧洲研究民俗风物的学者,接踵而起,这一方面的著作也日愈丰富,其中不乏有价值的专籍。1890年英国民俗学协会曾经刊行哥姆爵士的《民俗学手册》,1914年班女士将原书增订出版,风行一时。"谢六逸然后说:"民俗风物的研究,固然要依赖专家学者的研讨,至于说到搜集采录的工作,就得要人人共同负责。一切资料的来源,都在民间,所以要有全国人士供给,然后才能普遍。

"我国人士对于民俗风物的研究,也并不沉寂。在战前已经有不少热心于此道的学者,分布南北,埋头于采集记录的工作,经常发表论文,并出版期刊。军兴以后,朋辈四散,居处不定,集会研讨,一时不免停滞。将来战争一旦结束,如为国家百年大计着想,则对于礼俗的整顿,当必列为建国工作之一。吾人为未雨绸缪之计,一方面宜将民俗风物研究的责任,继续担当起来,不使之中辍;一方面对于政府'制礼作乐'的设施,应提出积极的意见,以供参考。……外人常批评中国的社会是一个谜,这话我们自己有时也不得不承认。尤其在礼俗方面,极其错综复杂,例如婚丧嫁娶的礼节,现在还是各行其是,莫知所从。世俗只知道凑热闹,不惜在结婚仪式中请铜乐队吹奏军乐,铜鼓喇叭,直吹得惊天动地,这时由不得你啼笑皆非。如何矫正诸如此类的风俗仪节的错误,那全恃风物志家的努力"。谢六逸在此文的最后说:"本刊已经出版四卷,从这一期起改出专号,得了'中国民俗学会'的帮助,供给稿件,我们不胜感奋。这一期的阵容,虽不便说是'堂堂',也尚可以自慰。因为国内对于斯道的工作者,他们的文章都已见到了;除了几位远在国外,有几位还在沦陷区,有几位的行踪不明,无从通信而外,都得了他们的热诚的扶助。"

9月,在贵阳《中央日报》副刊《前路》上发表《垦荒》,自述编《言林》的经过,自谓幼时与同伴游戏,因勇毅好胜,由城墙纵身跃下,主编《言林》也等于跳城墙一般的冒险尝试,幸而有成;又好是比一件"垦荒"工作。(程仲文:《忆谢六逸先生——记〈言林〉垦荒者之死》)

10月,给在江西赣州的曹聚仁写信:"谈到抗战后办报的打算"。(曹聚仁:《我与我的世界·三个胖子的剪影》)

12月,11月10日桂林失守,12月2日日军侵占贵州独山,贵阳吃紧,已经付印的《文讯》第5卷第2期"中国文学专号"在纷乱中被毁,此后《文讯》遂中断出版。现据《文讯》第 5 卷第 1 期所附"中国文学专号要目预告",介绍这一期的情况如下:本期署"主编者:陆侃如、冯沅君、谢六逸、董每戡",要目为:罗根泽的《晚唐五代的文学论》,姜亮夫的《天问笺》,谭戒甫的《杨朱在墨翟之前考》和《诗·下武篇详释》,詹安泰的《论词之修辞》,冯沅君的《金院本补脱》,陆侃如的《采薇、出车、六月三诗的年代》,佘雪曼的《读〈诗品〉》,谢六逸的《战后中国文学之趋势》,纪玄冰的《同异学派的诡辩逻辑》,徐嘉瑞的《金元戏曲方言考》,钟敬文的《诗和歌谣》,叶競耕的《释象外》,董每戡的《中国戏剧史述略》,孙道升的《诗经编纂所根据之原则》。

冬,与戏剧家熊佛西见面。熊说:"六逸是我二十年的文友……我和他常常通信,直至去年(江按:指 1944 年)湘桂战事爆发,我从桂林到了贵阳之后,我们才有机会见面。其文适如其人,他是那样的宁静淡泊,并极富正义感,对于湘桂各地流亡到筑的文友们的热情的关切,尤使我感动,永远不能忘记……记得去年发动救济湘桂文化人的时候,他曾在贵阳《中央日报》发表过一篇短文。这文章的大意是为一般文友们抱不平。"(《悼六逸先生》)

据蹇先艾,谢六逸曾代表中华全国文艺界抗敌协会总会办理救济湘桂流亡作家过黔的事务,"救济文化人,他做了不少工作"。(《我所认识的六逸——悼谢六逸先生》)

本年,谢六逸除在贵阳《中央日报》的《前路》上发表《垦荒》以外,"还写了若干篇小杂感"。(蹇先艾:《我所认识的六逸——悼谢六逸先生》)

本年,任贵阳《中央日报》研究室主任半年,"编撰及采访人

212

员都非常敬爱他"，又与程仲文合作"编印一部《新贵州概观》,这部书以报社丛书名义出版,成为近十年来贵州地方志的唯一要籍,也是抗战后方各省地方志的新纪录"。(程仲文:《忆谢六逸先生——记〈言林〉垦荒者之死》)

本年,塞先艾到谢六逸家访问,"他一家八九口都挤在学校楼上那间长而不很宽的房子里,里面摆了几张床,箱笼、书籍、炊膳的用具都塞满了每一个角落。小孩子们像走马灯似地在房间打转……人比从前瘦了一大半,两眼深陷很没有神,说话有点微喘。他说,已有许久没有下床了,最近,在屋里走动都不可能。但还是健谈如昔,不过不大提得起气。"(同上文)

1945 年(民国三十四年)   47 岁

4 月,联合国成立,通过《联合国宪章》。

5 月,苏联红军攻克柏林,德国法西斯无条件投降。

8 月,日本天皇发表《停战诏书》,宣布无条件投降;中华全国文艺界抗敌协会决定建立附逆文人调查委员会。

3 月 9 日,在贵阳《中央日报》发表《对于"剪衣队"的意见》,署名"省参议会驻会委员谢六逸"。《中央日报》最初拒绝刊登,谢六逸亲到报馆,在文末注上"文责自负"四字,才允许刊出。当时贵州省主席是四川军阀杨森,他"推行短衣运动",组织"剪衣队","随时随地剪短市民的长衣",人人惊慌不安。谢六逸的文章说:"中国长衫虽然有多年的历史,但因为它有许多的不便,所以我们并不反对改革,也并不存心为'长衫党'张目。不过要如何使中国的长衫能够加以改良,或者要使它渐渐归于淘汰,必须有一个过渡的办法。改革长衫的问题,是与中国的体制有关的,这且搁置不谈,至于在过渡期间,我们要使市民渐渐穿着短衣,政府应该规定几种切实易行而人民又不以为滋扰的方法,逐渐推动,然后才可成效,举一个例子,比如劝导市民从某一天起,不必再制新的长衣,但已经穿旧的长衣,不妨让它穿破为止,至于各机关团体,都规定得有制服,如果有人要穿长袍,当然可以禁止。

"如果一种公共集会,一次运动大会,凡参加的人如违背了穿短衣的规定,当然也可以禁止。这样一来,在社会上形成一种风气,加上种种的限制,一般人自然都穿起短装来了。

"为了推行短衣运动,而要组织'剪衣队',而且'随时随地剪短市民的长衣',我们认为这个方法有再加考虑的必要。这个'剪衣队'不知是如何组织的?还是动员全市的中西裁缝技师呢?抑是动员全市的军警?无论如何组织,在我们看来,都是很不经济的。再说,如果奉命见'长'就须剪短,那末穿在短装外面的长大衣是否也在被剪之列,如果不剪,则其长的程度又与中装的长不相上下,似乎仍然不合'剪裁'的原意。如果逢'长'就剪,则请想一想,将令市民感到怎样的不安。

"杨主席下车伊始,就注重改革陋习,兴利除弊,这是我们所佩服的。这一次又发表提倡短衣运动,我们也十二分的赞成。不过为了达到市民穿着短装的目的,而将使用'剪衣队',似乎是在苛细上着眼,结果不免要扰民,这就窃为智者所不取了。"

文章刊出以后,杨森大怒说,我要看看枪杆子与笔杆子究竟哪个硬？但杨森的秘书长劝他不要鲁莽从事，于是，杨森把谢六逸"请"到参议会会长平刚的家中"谈话"，说可以"当面骂我王八蛋"，但不要在报纸上写文章。

谢六逸的友人对于他以一个文弱书生的脑袋去向权势者挑战的无畏行为，有不少评论，现摘录几则如下。贵阳师范学院教授李独清说：杨森"好穿短装，下令所有人民皆着短服，不许穿长衫，命人手持剪子，在大十字，见长衫就剪，弄得满城风雨。谢先生以为毒焰日益嚣张，没有反抗，将不知到何种地步。亲自撰文反对剪长衫，当时报纸不敢登载，谢先生亲到报社，自己注明'文责自负'，然后登载出来。杨森当然暴跳如雷，但在群众拥护之下，还不敢公然就下毒手，暗中迫害"。(《回忆谢六逸》)开明书店的负责人章锡琛说："这一次，我在贵阳，听到他的一件轶事。那时候，省政府主席提倡短衣运动，禁止人民穿着长衫，并且命令警察，遇有穿着长衫的人，都一律给他剪短。六逸就在报上发表了一篇文章，指责政府这种举动是非法侵犯人民自由。省主席看到这篇文章，大大的震怒，说：'谢六逸尽可到我面前骂我混账王八蛋，为什么要在报上发表这种文章！'但是从此以后，短衣运动虽然还在提倡，长衫却不再被剪。……六逸跟我相识，大约快到三十年了。平常只看到他态度安详，沉默寡言，但到了愤怒填膺的时候，他真有奋不顾身的气概。"(《爱护自由的六逸》)郑振铎说："他素来是乐天的，胖胖的，从来不曾见过他的愤怒。但听说，他在贵阳时，也曾愤怒了好几回。有一次，一个主省政府的官吏，下令要全贵阳的人都穿上短衣，不许着长衫。警察在街上，执着剪刀，一见有穿长衫的人，便将下半截剪裁了下去。这个可笑的人，听说便是下令把四川全省靠背椅的靠背全部锯了去的。六逸愤怒了！他对这种幼稚任性，违抗人民自由与法律尊严的命令不断的攻击着……时代迫着他愤怒，争斗。"（《忆六逸先生》）

4月至5月间，由贵州省参议会推为代表，赴省府检举四个贪污的县长。

5月份前（暂系），"又因四城关卡林立，农民进城售卖蔬菜，备受阻拦和勒索，谢先生更是大声疾呼，提出抗议"。（李独清：《回忆谢六逸》）

5月7日至15日，主持中华全国文艺界抗敌协会贵州分会会员登记工作。（据5月7日贵阳《中央日报》）

5月中旬起患重病。林辰在《忆谢六逸先生》一文中说："六月底，我忽然接到文通编辑所一位陈先生的信，里面有几句是：'谢先生自上月中旬，曾染重病，今已月余，犹未痊可，不无可痛耳！'……于是在给先艾兄的信里便特别向他探听，他回信说：'六逸仍任贵阳师范学院国文系主任，近病心脏甚久，尚未出门，殊为可虑。"

8月8日前（暂系），贵阳《中央日报》社长王亚平在谢六逸重病时，曾送去法币十万元（一说几十万），谢六逸拒收，请夫人鲍岐女士退还。（据龙炘成：《贵州教育史和文化史上一代名人》、罗思贤：《读〈谢六逸之死〉之后》）

8月8日，去世。关于谢六逸之死有种种说法：一种是贫病交迫；一种是死于心脏病；另一种是死得可疑。抗日战争期间，教授、教员，以及凡是洁身自好、不发国难财的人，生活都是极为清苦的。谢六逸为生活挣扎，工作过重，营养不良，损害健康，这绝无疑问。但是谢六逸在贵阳师范学院的同事李独清说：杨森

"暗中迫害,谢先生的处境更加险恶";赵景深说:"他的死有人说是为了反抗当时的军阀"。据谢六逸的夫人鲍岐女士说:谢六逸去世时口鼻出血,这种现象与正常死亡异常,令人迷惑费解;若系心脏病致死,很快瞑目,绝不会听到子女的唤呼而一再复苏了。孰是孰非,现在已难查清事实了。谢先生是一介书生,他的夫人又是一位弱女子,他们对于非正义社会黑暗势力的鬼蜮伎俩,又有多少防卫的力量?!林辰先生在1945年写的悼念文章中,有几句话讲得极为深刻。他说:"在我们的国度里,纵令是一个纯粹的作家,只要他不失掉正义感,便也难保其不发生意外的。"(《忆谢六逸先生》)看来,谢六逸之死将是一个千古之谜,是非正义社会中一个爱人民、爱祖国、有正义感、有骨气的作家的悲剧。

谢六逸遗有五女一子:女:开志、开华、开德、开明、开新;子:开荣。身后萧条,由文通书局负责人华问渠捐赠棺木,贵阳师范学院组织治丧委员会,现该院已改名贵阳师范大学,把校中一处绿地辟为"六逸园",长纪这位先贤。"在报上刊登讣告,自由祭奠三日,来吊的人络绎不绝"。(李独清:《回忆谢六逸》)谢六逸逝世的消息传到重庆复旦大学以后,新闻学系和中文系师生自动发起捐款,资助遗孤。

8月17日,谢六逸未成年的女公子谢开志写了一篇《祭父文》,刊于《贵州民意月刊》第4卷第1期,文章说:"8月8日这个无情的日子里,你为什么默然地离开我们了呢?你丢下了白发满头的老祖母,丢下了心脏衰弱的母亲,丢下了我们六个孩子,你不看见吗?天真的小弟弟,他不知道已做了孤儿,他不知道你永远离开了他,他还在做着木飞机玩得那么快乐呢?"文章接着说:"平时你关心国家,直到你病得心脏喘不过气来的时候,还要叫我读报纸给你听,唉!你再等两天,胜利的消息,不是就可以读给你听了吗?"你"叫我将来不要学文学,不要做教书匠!但是,爸爸!你为什么要学文学,要做教书匠呢……你是一个清高的文化人,一生赐给我们的,不是钞票,也不是财产,而是几十本书——你的遗作"。关于谢六逸的洁身自好,安于清贫,茅盾在《忆谢六逸兄》一文中曾经述及:"不幸而生在这翻天覆地的大时代,当一名教授养不活家,于是不得不兼职,不得不花时间精力于粉笔,黑板,办公桌,不幸而他又'书呆气'太重,在贵阳那样一个投机活跃的市场,他却在喊生活无路,当他的学生们有好多已经飞黄腾达而他却有所不为——这就是他'活该'抑挹以死的全部'罪状'。"

8月20日,贵阳《中央日报》第4版刊出《追悼谢六逸先生特刊》,由贵阳师范学院国文学会编,刊出文章诗词5篇,都是谢六逸的学生悼念老师的作品,有:王忠慈的《悼念六逸老师》,金沙的《默祷》,念君的《哭逸师》,李纪春的《悼念》,以及在总题目《哭六逸师》下诗词3篇。

8月23日,贵阳《中央日报》又刊出《追悼谢六逸先生特刊》,由谢六逸先生治丧委员会编,刊出的文章如下:治丧委员会的《谢六逸先生事略》,王亚平的《六逸先生的精神》,傅启学的《六逸先生的修养和品格》,齐泮林的《悼六逸先生》,张先智的《六逸先生之死》,另有《先生遗墨》(影印)、《谢六逸先生著作一览表》和《挽联摘录》。《挽联摘录》中有贵阳师范学院全体师生的、师范学院院长齐泮林的、贵阳《中央日报》社社长王亚平的、师范学院教授李独清的,和谢六逸夫人鲍岐女士的,等等。鲍岐女士的挽联感人至深,如下:"威武不屈,贫贱不移,励志已平生,论定盖棺，君或无愧；老亲在堂，幼子在室，临危无一语，家徒立壁，我将何如。"

同日，中央社贵州分社发了电讯："此间各界今在贵阳师范学院，公祭故新闻家谢六逸先生"，"一代人才遽尔逝世，筑垣各界感悼甚深。"

谢六逸葬于贵阳六广门外黔灵山与八角岩之间的中华圣公会墓地。1996 年，经贵州历史文献研究会、贵州省史学学会近现代史研究会、贵阳市文联、贵阳市文物保护委员会、贵阳市政协文史和学习委员会、贵阳市园林局、中国近现代史史料学会贵阳市联络处和三联书店贵阳联谊会等 8 个单位积极建议，谢六逸之墓已被列为贵阳市市级文物保护单位。

谢六逸去世以后不久，各报刊发表的其他纪念文章的有：林辰：《忆谢六逸先生》，载重庆《大公晚报》，1945 年 9 月 30 日；蹇先艾：《我所认识的六逸——悼谢六逸先生》，载贵阳《中央日报》1945 年 10 月 12 日；熊佛西：《悼六逸先生》，载《贵州日报》1945 年 10 月 7 日副刊《新垒》。熊文说；"在一星期前，蹇先艾兄由贵阳来遵义，他告诉我六逸近患心脏病正剧，恐将休养一个相当期间方能恢复健康。我当时立即写了一封快信给六逸，劝他静心养病，并说我不日就到贵阳去看他。不料我没有到贵阳，他就先走了。"

又，茅盾、郑振铎、徐调孚、章锡琛、郭沫若、蹇先艾、李独清、林辰等人悼念文章均收入商务印书馆 1995 年出版的《谢六逸文集·附录一》。

附录一:1945 年 8 月以后有关谢六逸的主要文章、纪念活动和涉及他的史实的文献

一九四五年

林 辰:《忆谢六逸先生》,重庆《大公晚报》1945 年 9 月 30 日

熊佛西:《悼六逸先生》,《贵州日报·新垒》1945 年 10 月 7 日

蹇先艾:《我所认识的六逸——悼谢六逸先生》,贵阳《中央日报》1945 年 10 月 12 日

徐调孚:《忆〈言林〉创办人谢六逸先生》,上海《立报·言林》1945 年 10 月 1 日

姚天羽:《〈言林〉忆旧》,《立报·言林》1945 年 10 月 7 日

程仲文:《忆谢逸先生——记〈言林〉垦荒者之死》,《立报·言林》1945 年 10 月 9 日、11 日

赵休宁(蹇先艾):《谢六逸先生的散文》,《贵州日报》1945 年 11 月 4 日 4 版《新垒》

茅盾:《悼六逸》,重庆《联合画报》第 155—156 期合刊,1945 年 11 月 20 日

编者:《悼念谢六逸先生》,《贵州民意月刊》第 1 卷第 4 期

《谢六逸先生著作一览表》(未署名),同上

《谢六逸先生事略》(未署名),同上

谢开志:《祭父文》,同上

一九四六年

徐调孚:《再忆谢六逸先生》,上海《文艺复兴》第 1 卷第 6 期"抗战八年死难作家纪念"栏,1946 年 7 月 1 日

一九四七年

编者:《写在卷首》,《文讯》第 7 卷第 1 期(江按:《文讯》于 1947 年第 7

卷第1期起在上海复刊,由臧克家主编,此文评述了谢六逸在《文讯》创刊和发展成为大型刊物上的辛劳)

《文讯》月刊第7卷第3期(9月15日出版)纪念谢六逸逝世二周年专刊,有如下文章:

茅盾:《忆谢六逸兄》

郑振铎:《忆六逸先生》

叶圣陶:《悼念六逸先生》(旧诗两首):"交流百辈春江畔,玉树堂前推谢公;谈说从容抽妙绪,教人宛觉坐春风。""战中朋好各西迁,公返柯乡我入川;一遇黔灵憔悴甚,最伤此别判人天。"

章锡琛:《爱护自由的六逸》

郭沫若:《怀谢六逸先生》

顾仲彝:《谢六逸先生》

马宗融:《忆谢六逸兄》

余楠秋:《忆谢六逸》

应成一:《忆谢六逸君》

另有:《谢先生遗墨——致文通书局副经理蒲安定函》

一九四八年

赵景深:《忆谢六逸》,载《文坛忆旧》,北新书局1948年版

(另,赵景深在1936年出有《文人剪影》一书,其中有《记六逸》一篇)

一九四九年

莫洛:《陨落的星辰》,上海《人间书屋》1949年版

一九七三年

包天笑:《钏影楼回忆录》(谈及谢六逸在《立报》情况),香港大华出版社1973年版

一九八0年

赵景深:《回忆谢六逸先生》,《贵州文史丛刊》1980年第1期

龙炘成:《现代作家谢六逸》,同上刊

蹇先艾:《不应该忘记的人》,贵州《山花》1980年第8期

龙炘成:《贵州作家录·谢六逸》,《贵阳晚报》1980年8月6日

李独清:《回忆谢六逸》,贵州《花溪》1980 年第 12 期

唐弢:《新闻学者》,载《晦庵书话》,三联书店 1980 年 9 月 1 版

一九八一年

茅盾:《我走过的道路》(上),人民文学出版社 1981 年版

一九八二年

章玉梅:《复旦新闻系第一任主任——谢六逸》,上海《新闻大学》第 3 期

华问渠:《贵阳文通书局的创办和经营》,《贵州文史资料选辑》第 12 辑

俞鸿模:《海燕十三年》,载上海《出版史料》第一辑,1982 年 12 月

裴午民:《怀念恩师谢六逸》,载《学府纪闻:私立大夏大学》,台北南京
出版公司出版

一九八三年

曹聚仁:《三个胖子的剪影》,载《我与我的世界》,人民文学出版社
1983 年版

一九八四年

亦樵:《谢六逸教授之死》,载《贵阳晚报》1984 年 7 月 13 日

一九八五年

舒宗乔:《谢六逸与〈立报·言林〉》,载《编辑记者一百人》,上海学林
出版社版

龙炘成:《纪念谢六逸先生逝世四十周年》,《贵州文史丛刊》1985 年第
3 期

萨空了:《我与〈立报〉》(续),《新闻研究资料》总第 29 辑,中国新闻出
版社 1985 年 2 月

《复旦大学志》,复旦大学出版社 1985 年版

《中国文学家辞典》现代第四分册收有《谢六逸》条,四川文艺出版社
1985 年 8 月版

一九八六年

郁达夫:《郁达夫日记集》,浙江文艺出版社 1986 年版

姜德明:《文坛逸话》,载《书味集》,三联书店 1986 年版

萨空了:《由香港到新疆》,新华出版社 1986 年版

陈训明:《谢六逸事略》,《贵州文史资料选辑》1986 年第 19 辑

宋洪宪:《现代作家谢六逸》,同上刊

一九八八年

陈江:《谢六逸的三点史实》,《鲁迅研究动态》第 5 期

陈江:《谢六逸编辑工作述评》,《编辑之友》第 4 期

徐培汀:《谢六逸与新闻教育》,贵州《新闻窗》第 4 期

9 月,贵州省政协文化组、贵州省文联、贵州师范大学中文系、《贵州日报》文艺部、贵州省中国现当代文学学会筹备组、贵州省社科院文研所、贵州省文史资料委员会等七个单位联合在贵阳举行谢六逸诞生九十周年纪念会,在《贵州日报》9 月 25 日发表的文章有:

蹇先艾:《一个对人民有贡献的人——纪念谢六逸诞辰九十周年》

冯 楠:《宏徒小事》

龙炘成:《谢六逸先生简介》

王尊华:《纪念谢六逸先生》(诗):"艺文五四沐清风,吾筑作家首谢公。海上著书明远志,新闻立学本初衷。长才中寿伤贫病,人品高山致景崇。九秩漫嗟时代逝,遗篇仍有启蒙功。"

石果:《谢六逸先生九十冥诞》(诗):"神州正挽陆沉际,先生中年我少年。立雪羡逾三千徒,识荆恨无一面缘。倾将心血育孺子,奋把笔锋扫狼烟。遗恨未知八·一五,翻番更可见今天。"

在《贵阳晚报》9 月 25 日发表的文章有:

亚宇等:《谢六逸生平记略》、《系统介绍日本文学第一人》、《〈模范小说选〉的墨线》、《"善于做拼盘的好厨子"》、《"贵州督军"谢六逸》

郑亚宇:《既有蜜也有刺》,载《贵州日报》1988 年 11 月 15 日

于非:《夜郎骄子谢六逸》,载贵阳《花溪文谈》1988 年第 3、4 期合刊

冯楠:《在谢六逸先生诞辰九十周年纪念会上的讲话》,收入陈江、陈庚初编《谢六逸文集》,商务印书馆 1995 年版

《谢六逸纪念会在省政协举行》,未署名,载贵州省《政协工作简讯》1988 年 10 月 15 日第 7 期

一九八九年

陈江等《谢六逸与商务印书馆》,《贵州文史资料选辑》1989 年第 29 辑

龙炘成：《贵州教育史和文化史上一代名人》，同上

刘君卫：《忆父亲刘方岳先生》，同上

丁淦林、徐培汀：《复旦新闻系六十年》，上海《新闻大学》总第 22 期(1989)

《复旦大学新闻系六十周年纪念册》收有谢六逸像；谢六逸任主任十年后，于 1938 年离开重庆、返回贵阳时，新闻学系学生在重庆北碚欢送留影；1989 年中秋，复旦新闻系老校友杜绍文、舒宗侨按照节日探望师母的惯例，与谢六逸夫人鲍岐女士合影等照片。

范泉：《我编〈作品〉半月刊》，《出版史料》1989 年 3、4 期合刊

陈江：《华问渠与贵阳文通书局》，同上

祝庆生：《谢六逸年表》(附《谢六逸著译书目》)，南京《文教资料》1989 年第 3 期

黑婴：《谢六逸编〈言林〉副刊》，载《文海潮汐》，西安华岳文艺出版社 1989 年版

刘湘藩：《缅怀吾师谢六逸先生》，《贵州政协报》1989 年 12 月 1 日

一九九 0 年

陈江：《谢六逸与〈国民周刊〉》，上海《出版史料》1990 年第 3 期

秋阳：《谢六逸与鲁迅》，《贵州文史丛刊》1990 年第 3 期

闻谊：《复旦新闻系创办人谢六逸》，《文史苑》(5)1990 年

一九九一年

秋阳：《谢六逸史实辨析》，《贵州文史资料选辑》1991 年第 30 辑

张祥光：《早逝的英才》，载《贵州画报》1991 年第 6 期的"贵州史话·硕学俊彦"栏，同栏还载有谢六逸像、手迹及贵阳黔灵山谢六逸墓等图片

龙炘成：《鲁迅与谢六逸的一段往事》，载《贵州政协报》11 月 7 日

蒲鸿基：《文通书局编辑所》，上海《出版史料》1991 年第 4 期

一九九二年

凤子：《我的几位师长》，《新文学史料》1992 年第 1 期

一九九三年

陈江、陈庚初：《谢六逸年谱》(上)，《出版史料》1993 年第 3 期

陈江:《谢六逸的笔名、室名和号》,同上

陈江、陈庚初:《谢六逸年谱》(下),《出版史料》1994年第4期

一九九四年

秋阳:《上海探寻六逸踪》,载《贵州政协报》1994年7月14日

一九九五年

陈江、陈庚初编:《谢六逸文集》,内收谢六逸的随笔、文学理论、日本文学史研究、新闻、教育、读书修养、时评等方面文章120余篇,有附录二个。一、附茅盾、郑振铎、章锡琛、叶圣陶、郭沫若、徐调孚、赵景深、蹇义艾、李独清、林辰、舒宗侨、范泉、冯楠等人的纪念文章;二、《谢六逸年谱简编》。商务印书馆1995年版

徐平:《谢六逸在复旦大学》,载贵州《文史天地》1995年第3期,收有1935年三十周年校庆时,谢六逸与新闻学系全体同学合影等几幅图片

王树仁:《同年落葬贵阳的两位文学大师》,谈谢六逸与梅光迪(曾任南京东南大学教授)同葬在六广门外八角(鸽)岩圣公会墓地,载同上

袁义勤:《杜绍文与谢六逸》,载上海虹口区政协《文史苑》1995年第13期

唐弢:《致陈江信(三)》,《唐弢文集》(十,书信卷),社会科学文献出版社1995年版

余家宏:《新闻学者、一代报人——谢六逸——读〈谢六逸文集〉》,上海《新闻大学》1995年冬季号(总第46期)

一九九六年

贵州省历史文献研究会、贵州省史学学会近现代史研究会、贵阳市文联、市园林局、市文物保护委员会、市政协文史和学习委员会、中国近现代史史料学会贵阳市会员联络处、三联书店贵阳联谊会等八个单位于8月举行谢六逸逝世51周年座谈会,会后发表在《贵阳文史》第2期有如下文章:

沈岳如:《以文会友 以友辅仁——谢六逸与郑振铎的交谊》

谢开志、谢开华等:《一炷心香祭先严》

何静梧:《谢六逸与贵州教育》

何明扬：《纪念编辑出版家谢六逸》

吕幼樵、何长风：《谢六逸教授与贵阳文通书局编辑所》

张垠：《忆谢六逸先生的几件事》

龙炘成：《谢六逸与我国的新闻教育》

何明扬：《谢六逸笔名、别名考》

秋阳：《谢六逸著译年表》

龙志毅：《谢六逸先生逝世五十一周年》(诗)："勤奋一生多宏著,盖棺半世犹荣殊。我谓夜郎堪自大,黔山代有人才出"(刊于封底)

高书勤：《勤奋一生多宏著 黔山代有人才出——纪念谢六逸先生逝世51 周年座谈会纪要》,《贵阳文化》1966 年第 3 期

秋阳：《谢六逸在日本》,《贵阳文化》1966 年第 3 期

卢润祥：《谢六逸与读书》,载《新民晚报》1966 年 5 月 30 日

史继忠、黄小川：《现代文学家谢六逸》,载贵州省史学学会近现代史研究室编《会讯》第 9 期,1996 年 7 月 20 日

陈福桐：《纪念谢六逸先生四题》,同上期《会讯》

何明扬：《纪念谢六逸文章索引》,同上期《会讯》

刘苗鑫：《中国创办新闻专业第一人》,载《贵州日报》1996 年 8 月 10 日

周诗若：《阳明词——文化净土》,该文述及阳明词楼上有"贵州名人陈列室",内有谢六逸像及生平简介。载《贵阳晚报》1996 年 8 月 10 日

何静梧：《文坛一哭谢六逸》,载《贵阳晚报》1996 年 8 月 14 日

东丰：《茅盾与贵州作家》,此文一半谈谢六逸。载《贵州政协报》1996 年 8 月 15 日

黄炜：《贵州人民没有忘记他——纪念谢六逸先生逝世五十一周年》,载《信息新闻报》1996 年 8 月 16 日

何静梧：《中国文坛同声一哭谢六逸》,载《贵州政协报》1996 年 8 月 22 日

蓝泰凯：《著名外国文学专家谢六逸》,载《贵阳晚报》1996 年 8 月 30 日

谢志宇：《论谢六逸的日本文学研究》,载杭州大学日本文化研究中心与神奈川大学人文学研究所编《中日文化论丛——1995》,杭州大学出版社 1996 年 12 月

一九九七年

卢润祥:《谢六逸佚话》,《中华读书报》1 月 1 日

秋阳:《谢六逸办〈言林〉》,贵州《花溪》1997 年第 5 期

叶嘉新:《关于谢六逸的书话》,北京《博览群书》1997 年第 8 期

秋阳:《谢六逸评传》,贵州民族出版社 1997 年版

秋阳:《谢六逸与复旦大学新闻系的创办》,载上海复旦大学《新闻大学》1997 年秋季号

一九九八年

9 月 18 日,贵州省史学学会等单位举行谢六逸诞辰一百周年学术座谈会,会后,在《贵阳文史》第 4 期上发表有如下文章:

龙志毅:《纪念谢六逸先生诞辰一百周年》

肖先治:《缅怀中国现代著名文学家谢六逸先生》

秋阳:《一代文宗谢六逸》

夏荣富、刘凤英:《谢六逸与中国现代文学》

刘宗棠:《不忘过去是为了走向明天——纪念谢六逸先生诞辰一百周年》,贵州《安顺师专学报》第 3 期

秋阳:《谢六逸先生的最后岁月》,载上海复旦大学《新闻大学》1998 年夏季号

一九九九年

王建辉:《编辑风格精悍的胖子谢六逸》,广西《出版广角》1999 年第 11 期

二〇〇二年

《谢六逸》,载宋原放主编《上海出版志》第十篇《人物》,上海社会科学院出版社 2000 年版

何长凤编著:《贵阳文通书局》,贵州教育出版社 2002 年 10 月 1 版

二〇〇三年

徐培汀:《谢六逸与新闻学科的兴起》,载上海复旦大学《校友通讯》2003 年 12 月 25 日

附录二：谢六逸在文通书局主编与参与主编的丛书

《大学丛书》　马宗荣　谢六逸　张永立主编

《大时代社会教育新论》　马宗荣著

《大学训导之理论与实施》　王裕凯　陆传藉著

《中国古代教育史》　马宗荣著

《中国文字学概要》　张世禄著

《中国通史（第一册）》　蓝文征著

《普通教育法》　斯菊野著　邓峻璧　许绍桂译

《中西教育家》　王裕凯　朱克文著

《经济学原理》　王沿津著

《公民教育概论》　袁公为著

《中国训诂学概要》　张世禄著

《生理学实习指导》　沈俊淇　李茂之著

《灌溉与排水工程》　邓祥云著

《大学国文》（上下册）　国立贵阳师范学院国文学会编

《天文学》　陈遵妫著

《邱氏最新内科学》（上下册）　邱倬译著

《机械人生》（又名《生理学》，上下册）　沈俊淇著

《实用家畜产科学》　王石斋著

《西洋戏剧史》　培林草著　殷炎麟译

《欧美民主宪法》　曹绍濂著

《植物生理学》　何家泌著

《心理与教育测验》　孙邦正著

《中国近世史》　李洁非著

《新闻学概论》　谢六逸著

《经验与教育》[美]杜威著　李相勖　阮春芳译

《每戡剧作》　董每戡著

《陆海空军审判法刑法惩罚法浅释》　毛家骐著

《中国农业发展史》　陈安江著

《五权宪法概论》　曹绍濂著

《应用力学》　胡树楫编著

《材料力学》　胡树楫编著

《水力学》　胡树楫编著

《家畜普通病学》　朱宜人译

《语言学概要》　岑麒祥著

《现代史学概论》　朱谦之著

《图书馆分类编目学》　钱亚新著

《中学复习授验丛书》　马宗荣　谢六逸主编

《高中生物》　顾文藻编

《高中国文》　吴庆鹏编

《高中本国史》　冯楠编

《初中代数》　刘质赅　卢梦生编

《初中本国史》　陈旭麓著

《初中理化》　杨明洁　浦同烈编

《高中公民》　钱安毅编

《高中化学》　张瑞钰编

《解析几何》　余文琴编

《高中三角学》　陈明忠　郁兴民编

《中学自学辅导丛书》　马宗荣　谢六逸主编

《辽金元文选注》　邹质夫编

《宋文选注》　杨燕廷编

《文艺丛刊》　卢前　谢六逸主编

《中国文艺思想》　顾树森译

《永远结不成的果实》 王亚平著

《语文学丛书》 谢六逸主编
《英文里的中国字》 余坤珊著
《上中级英语救济法》 费培杰著

《新闻学丛书》 谢六逸主编
《新闻学概论》 谢六逸著
《战地记者讲话》 卜少夫著
《新闻语汇》 戴广德著
《实践新闻采访学》 王研石著

附录三:谢六逸主编的《文讯》各期篇目

第一卷:创刊号,1941 年 10 月 10 日出版

创刊辞	谢六逸
本局设编辑部的动机及动向	马宗荣
回纥人华化考	姚薇元
新闻标题研究	谢六逸
猫与地球	懋 天

第二期,1941 年 11 月 10 日出版

敌情估计(短评)	宏 徒
教育与政治的相关	马宗荣
黔游心影	卢冀野
浙赣线上(战地通信)	谭天民
我国商业账簿组织之研讨	徐绍彝
荒山随笔	仲 午

第三期,1941 年 12 月 10 日出版

国民参政会中的教育文化问题	马宗荣
太平洋战争与中国(短评)	纯 人
月的启示	懋 天
简论中国报纸	全 山
谈国文教师	林 辰
质疑通信	编 者

新普鲁美修士　　　　　　　　　　　　张君川

第五卷:第一期(风物志专号),1944年7月16日出版

后　记

　　谢六逸是"五四"新文化运动中涌现出来的一位新文学家和学者,抗战胜利前夕英年早逝,只活了 47 岁,但在他匆匆的人生旅程中,成就是多方面的,建国前知名度颇高。

　　他是文学研究会早期的重要成员,他写的随笔情文并茂,老作家蹇先艾说:"我们谁也不能否认他是新文学奠定基石的巨匠。"①谢六逸一生致力于日本文学和日本文学史的研究,赵景深说:"六逸是日本文学的权威。他曾写过三本日本文学史,商务的《日本文学》最简,开明的《日本文学》(上卷)较详,惜仅出上卷。北新的《日本文学史》最详。"②谢六逸是我国新闻学和新闻教育事业的拓荒者和奠基人之一,老出版家徐调孚说:"我们应该称谢先生是新闻学家,他对于新闻学的努力也是胜过文学的。"③谢六逸创建和发展了上海复旦大学新闻学系,他的业绩记录在复旦校史和新闻教育史上,剧作家顾仲彝说:"在(抗)战

---

　　①　蹇先艾:《我所认识的六逸——悼谢六逸先生》,编入《谢六逸文集·附录一》,商务印书馆 1995 年版。

　　②　赵景深:《谢六逸》,编入《谢六逸文集·附录一》,商务印书馆 1995 年版。

　　③　徐调孚:《再忆谢六逸先生》,编入《谢六逸文集·附录一》,商务印书馆 1955 年版。

前复旦四院十三系,以新闻系最闻名于国内,课程完备,人才辈出。新闻系各年级的课程编制是六逸先生的心血,创设了全国各大学新闻系的规则。"①在新闻学著作方面,复旦大学新闻学系余家宏教授评价说:谢六逸"是我国最早的全面研究新闻学术思想和世界新闻事业的卓有成就的学者"②。

谢六逸一生有着丰富的编辑经历,而且是一位高手。1937年"八·一三事变"之前,他主编的上海《立报》副刊《言林》,是全国最有影响的报纸副刊,它推动抗日救亡,针砭时弊,呼喊出了全民的心声,战斗的鼓点穿透历史。老作家曹聚仁说:"'五四运动'以后,副刊编辑名手邵力子、孙伏园两先生而外,黎烈文、谢六逸两兄也为世人所推重。他们都是善于做拼盘的好厨子,富有战斗性。"③

不过,1949年以后有一段时期内,谢六逸突然从人们的记忆中消失了,即使在知道他名字的中青年中,也往往对他有这种或那种误解。只是到了1980年,他家乡——贵阳的报刊上,先后发表了他的老友赵景深的《回忆谢六逸先生》、蹇先艾的《不应该忘记的人》、李独清的《回忆谢六逸》等文,才冲破笼罩在他身上的迷雾,使他"复活",逐渐恢复他的本来面目。

笔者接触到谢六逸是在上世纪八十年代中期,在搜集商务印书馆史料中碰到这位先贤。在故纸堆中搜集佚文,辑集资料,

---

①　顾仲彝:《谢六逸先生》,载上海《文讯》月刊第7卷第3期,1947年9月。

②　余家宏:《新闻学者,一代报人:谢六逸——读〈谢六逸文集〉》,载上海《新闻大学》1995年冬季号(总第46期)。

③　曹聚仁:《我与我的世界》,人民文学出版社1983年版。

编述年谱,本来就是一件需要耐心、韧性和比较艰辛的工作,在经过一场"文化大革命"以后,谢氏亲属和友人保存的资料损失殆尽(例如,谢六逸致唐弢的近百封约稿信全被火神爷没收①),这就增加了工作难度。笔者在出版社工作,整天与事务结伴,难以集中时间、集中精力专心探索,只能细水长流。在此后四五年间,笔者利用业余时间编出一本《谢六逸文集》,于 1995 年由商务印书馆出版,此后,又随时留心资料,到现在才把这本《谢六逸年谱》呈献给读者。

治史的核心在于求真,以"信"字为本,历史的科学性也在这里体现。笔者守望这一信条,在求真、可信的思想指导下,既不造神,也不造鬼,不以时代的影响,不以这种或那种"诠释",尽量实事求是地凸显谱主的思想、观点、品格、人际关系等方面,再现一个真实的谢六逸。这是笔者在这本年谱中追求的第一点,至于是否能做到,只能由读者来评价了。

第二,突出学术资料性,是笔者在编这本年谱中的另一个指导思想。谢六逸生前是一位名人,各报刊都喜欢向他约稿,友人、学生愿意请他为自己的书作序,他成了一位多产作家。他大约从 1931 年起到 1945 年秋去世时止,因为事务繁忙,十多年间所写的文章都没有编集。这批佚文散见于上海的如《青年界》、《文学》、《宇宙风》、《新学生》、《东方杂志》、《教育杂志》、《文化建设》、《立报·言林》和复旦大学中文系、新闻学系学生办的刊物,及贵阳的日报、杂志和大学学报上,分藏在上海、北京、贵阳、重

---

① 《唐弢致陈江信(三)》,载《唐弢文集十·书信集》,社会科学文献出版社 1995 年版。

庆等地图书馆或有关大学的资料部门中,四海遨游,搜罗借阅,钩沉资料,并非易事,而且有些资料已经列入善本类,不能随便借阅,不能复印,只能扫描,收费颇高,唯此之故,笔者在这本年谱中,不只简单地登录一个书名、一篇文章题目或谱主的某事和活动了事,而是采取近似"长编"的格式,尽量多摘录书籍或文章的内容,以及谢氏友人、学生在回忆录中、日记中对他著作、行为的评价,这样做,笔者认为:一,可以多视角、更具体、更清晰地透视谱主;二,方便于有心人。谢六逸作为一位新文学家、一代报人、有成就的编辑,中日文化交流的使者,值得我们去了解、去研究(东邻日本也有研究他的人),笔者尽可能把在长期的寂寞中钩沉到的史料荟萃于一编,突出学术资料性,供有心人采撷、使用,或可省去他们的奔波之劳。

无论在已经出版的《谢六逸文集》或这本《谢六逸年谱》的工作过程中,笔者都有幸得到许多真诚、热心的鼓励与帮助。谢六逸的故友蹇先艾先生以及胡道静先生,我长记他们的温馨。谢先生的高足——已故的作家、编辑家范泉先生和人民文学出版社的林辰先生,都是笔者的前辈,都曾经提供资料和寻找资料的线索。前《地理知识》主编高泳源先生、上海的丁景唐先生、复旦大学新闻学系余家宏教授、上海社会科学院文学研究所孔海珠女士、北京鲁迅博物馆王世家先生也都在提供资料上给予帮助。复旦大学历史系邹振环教授代查并抄录了该校图书馆的相关资料;南开大学中文系张铁荣教授代查了谢六逸在日本早稻田大学的学籍;西安建筑科技大学钟光珞女士寄来了谢六逸为他的学生吴秋山《茶墅小品》(三十年代北新书局版)作的序(复制品)此书是她的令尊——一位爱好文学的力学教授的珍藏品;江苏南通文化馆、《戈公振年谱》的编撰者洪惟杰先生提供了谢六逸致戈公振的几通信。在此，我对他们表示衷心的感谢。其他还有一些新知旧雨，恕不一一提及了。

笔者在商务印书馆的老同事、谢六逸先生的女婿、女儿沈岳如先生和谢开志女士，他们一开始就把搜集到的资料赠送给我。笔者的老同事、资深编审陈应年先生对本书的出版给予了真挚的帮助。关怀本书出版的，应特别提到的是，一位仁爱、热情、诚挚的前辈——戴文葆先生，他的温馨也是永在的。

我也要感谢商务印书馆总经理杨德炎先生和著作编辑室主任常绍民先生，他们传承我国近代书界先驱的优良传统，坚守文化家园，为积累文化的高瞻远瞩的胸怀，使我钦佩。

笔者功力不深，所见有限，这本小书疏漏之处肯定不少（如登载在贵阳报刊上的谢氏佚文《还乡杂记》、几首古诗等，至今还没有查到），希望读者给予批评和指教。

陈 江　2005 年 4 月